| 阿兰·德波顿作品集 |
ALAIN DE BOTTON

写给无神论者

[英] 阿兰·德波顿 著
梅俊杰 译

上海译文出版社

献给贝尔塔·冯·比伦

文学的意义
——新版作品集代总序

阿兰·德波顿

在人类为彼此创造的艺术形式和作品中,有一个门类占据了最大比重,即以某种形式探讨伤痛。郁郁寡欢的爱情,捉襟见肘的生活,与性相关的屈辱,还有歧视、焦虑、较量、遗憾、羞耻、孤立以及饥渴,不一而足;这些伤痛的情绪自古以来就是艺术的主要成分。

然而在公开的谈论中,我们却常常勉为其难地淡化自身的伤情。聊天时往往故作轻快,插科打诨;我们头顶压力强颜欢笑,就怕吓倒自己,给敌人可乘之机,或让弱者更为担惊受怕。

结果就是,我们在悲伤之时,还因为无法表达而愈加悲伤——忧郁本是正常的情绪,却得不到公开的名分。于是,我们在隐忍中自我伤害,或者干脆听任命运的摆布。

既然文化是一部人类伤痛、悲情的历史,那么,所有的问题都能予以修正,把绝望的情绪拉回人之常情,给苦难的回味送去应有的尊严,而对其中的偶然性或细枝末节按下不表。卡夫卡曾提出:"我们需要的书(尽管也适用于其他任何艺术形式)必须是一把利斧，可以劈开心中的冰川。"换言之，找到一种能帮助我们从麻木中解脱的工具，让它担当宣泄的出口，可以让我们放下长久以来对隐忍的执念。

细数历史上最伟大的悲观主义者，他们中的每一人都能抚慰这种被压抑的苦楚。用塞内加的话说："何必为部分生活而哭泣？君不见全部人生都催人泪下。"或者就像帕斯卡的喟叹："人之伟大源于对自身不幸的认知。"而叔本华则留下讽刺的箴言："人类与生俱来的错误观念只有一个，即以为人生在世的目的是为了得到幸福……智者知道，人间其实不值得。"

这种悲观主义缓和了无处不在的愁绪，让我们承认：人生下来就自带瑕疵，无法长久地把握幸福，容易陷入情欲的围困，甩不掉对地位的痴迷，在意外面前不堪一击，并且毫无例外地，会在寸寸折磨中走向死亡。

这也是我们在艺术作品中反复遭遇的一类场景：他人也有跟我们同样的悲伤与烦恼。这些情绪并非无关紧要，也无须避之不及，或被认为不值思量。关键在于我们如何看待。艺术作品带我们走近那些对痛苦怀有深刻同情的人，去触摸他们的精神和声音，而且允许我们穿越其间，完成对自身痛苦的体认，继而与人类的共性建立连接，不再感觉孤立和羞耻。我们的尊严因而得以保留，且能渐次揭开最深层的为人真理。于是，我们不仅不会因为痛苦而堕入万劫不复，还会在它的神奇引领下走向升华。

不妨把自己想象成一组同心圆。所有一眼望穿的事物都在外

代总序 作品集 新版

圈：谋生手段、年龄、教育程度、饮食口味和大致的社会背景。不难发现，太多人对我们的认知停留在这些圈层。而事实上，更内里的圈层才包裹着更隐秘的自身，包括对父母的情感、说不出口的恐惧、脱离现实的梦想、无法达成的抱负、隐秘幽暗的情欲，乃至眼前所有美丽又动人的事物。

虽说我们也渴望分享内里的圈层，却又总是止步于外面的圈层。每当酒终人散，回到家中，总能听见心中最隐秘的部分在细雨中呼喊。传统上，宗教为这种难耐的寂寞提供了理想的解释和出路。宗教人士总说，人的灵魂由神创造，唯有神才能知晓其间最深层的秘密。人也永远不会真正地孤独，因为神总是与我们同在。宗教以其动人的方式关照到一个重要命题，意识到人对被深刻了解和赞赏的愿望何其猛烈，并且大方地指出，这种愿望永远也无法在其他凡人身上得到满足。

而在我们的想象空间里，取代宗教地位的是人和人之间的爱情膜拜，俗称浪漫主义。它朝我们抛来一个漂亮而轻率的想法，认为只要我们足够幸运和坚定，从而遇到那个被称为灵魂伴侣的高维存在，就有可能打败寂寞，因为他们能读懂我们的所有秘密和怪癖，看清我们的全貌，并且依然为这样的我们陶醉沉迷。然而，浪漫主义过后，满地狼藉，因为现实一再将我们吊打，证明他人永远无法看透我们的全部真相。

好在，除了爱情和宗教的诺言之外，尚有另一种可用来关照寂寞的资源，并且还更为靠谱，那就是：文学。

目录

译序 ················ 001

一 智慧无关教义 ········ 001

二 群体 ············· 013

三 和善 ············· 057

四 教育 ············· 089

五 温情 ············· 153

六 悲悯 ············· 169

七 视角 ············· 185

八 艺术 ············· 197

九 建筑 ············· 237

十 体制 ············· 265

致谢 ················ 301

图片提供 ············· 302

译序

梅俊杰

阿兰·德波顿先生的这本书,如果直译的话,书名应作《宗教之于无神论者:一名非信仰者关于宗教用途的指南》。可见,这是一本由无神论者写给无神论者、旨在借鉴宗教智慧的书,不是一本为宗教辩护的书,更不是一本传教的书。

与我等无神论者一样,作者并不相信上帝的存在,也不认同宗教中的超自然内容。但不同之处在于,作者愿意更加通达地看待宗教,能够透过其超自然体系,鉴别并吸收其中所包含的诸多有益要素,希图借此丰富世俗生活,促进个人的身心健康和社会的和谐友爱。

随着人类从中世纪迈入近现代,科技节节昌明,理性日益高扬,各路宗教遭遇到前所未有的信仰危机。尼采的一句"上帝已死"标志着宗教主导地位的土崩瓦解和世俗化洪流的滚滚而来,也让众多无神论者扬眉吐气、豪情万丈。目前这个超现代的大众消费时代似乎证明着人类掌握自身命运后的不凡成就。

然而,在德波顿看来,光鲜的物质外表之下,人性并无本质的改变，个体心灵的救赎仍然是个严重问题，人类群体生活所面临的挑战也依然如故。你可以宣告"上帝已死"，但你依然需要此前借助上帝而维系的伦理道德，也依然需要原来经由宗教而获得的心灵慰藉。可现代社会恰恰拙于满足这些需求，早已显露出令人遗憾的种种弊端。

相对而言，宗教作为人类经验的深厚积淀，形成了巍巍可观的理念和做法，大可补过于物质至上的当今社会生活。德波顿以为，人们尽可以抛弃宗教的基本教义，却实在不应该放弃宗教涉及群处、悲悯、慈善、教化、艺术、建筑等方面的真知灼见和公序良俗，更何况其中不少要素原本就采自世俗生活。

对于书中的更多内容，这里不必赘述，本书开篇的"智慧无关教义"以及末尾的"结论"已有精当的概括。我只想强调一点，即作者抬举宗教，甚至有时不免将之理想化，绝不是要否定现代世界科学理性的基本框架，只是认为在此框架下，理应从宗教这一人类的共有遗产中善加采撷，从而矫治现代社会之偏狭，补救其心灵护理之贫乏。

将本书译介到中国来谅必是件有意义的善事。作为在现代化道路上全力追赶乃至无暇他顾的民族，作为世上最为庞大的无神论者群体，我们无疑更需要以平和客观的态度来了解宗教并从中汲取营养。在道德精进、心灵抚慰、人际和谐、扶危济困这样的层面，各种宗教都提供着现成的启示，这是众所周知的事实。

进而言之，国家的价值观坐标和发展轨道也可从宗教中得到

译序

支撑。如果说自由、民主、科学、富强是当今中国无可争议的追求，我一直认为尚须辅之以更加丰富且宜人的内容。简言之，我们实应追求复合型目标：自由—和合、民主—良治、科学—人道、富强—正义，如此两相兼顾方能做到平衡协调、基石宏大从而行之久远。而宗教显然也是这些新增目标价值观的思想源泉和促进手段。

诚然，像天底下一切功业一样，对宗教有益内容的体察与采纳要靠慧根和悟性，同时也有赖于对宗教的悉心学习和研究。就此而言，我们或许面临着先天不足、后天失调的窘迫处境。所幸者，取长补短的条件已今非昔比。德波顿这位大众哲人匠心独具、富有启迪的论述当能让我们获益良多。

我本人通过翻译全书已感到受益匪浅，至少从此会增加一个理性观察宗教的视角甚或增添一分宗教情怀。还好，当上海译文出版社衷雅琴女士约我承译此书时，我没有照例推辞，特此向她致谢。自然，我也要感谢家人张旦红、梅新枝，她们作为本书译稿最早的读者，协助完善了译文。

一　智慧无关教义

很可能就是一个大好人：蒙特普尔恰诺的圣女阿格尼斯。

1

关于任何宗教,人们提出的最无聊、最徒劳的问题当数,它是不是真的。这里所谓真,指的是宗教自茫茫上苍隆重下凡到尘世俗界,由先知和天神以超自然的方式司管着。

为节省时间,也冒着开卷便流失读者这一痛苦风险,容我直言相告:按照上苍钦赐这样的定义,当然没有一个宗教是真的。本书便为无神论者而作。这些无神论者无法膜拜奇迹异能、神仙圣灵,不会听信灌木树丛烧而不毁的故事,对于传说中非凡男女的超凡业绩也缺乏浓厚兴趣。那些非凡男女例如13世纪蒙特普尔恰诺的圣女阿格尼斯,据说她在祷告时能够双脚离地悬空两英尺,还能让孩童起死回生,又说她在凡俗生命结束时,坐在天使的背上从托斯卡纳南部升了天。

2

对无神论者而言,试图证明上帝并不存在会是件欣喜愉快之事。宗教的铁杆批评者们非常乐于把信教者的愚蠢低能一点一滴、毫不留情地暴露在光天化日之下，不把敌手彻底笨蛋、十足疯子这样的面目揭露个够，他们是不会善罢甘休的。

如此作为固然令人酣畅淋漓，然而，真正的问题却不是上帝存在与否，而是一旦你确定上帝显然并不存在，又该如何自处呢？本书的出发点是，一个人必定可以继续做一个坚定的无神论者，但也可以发现，宗教时不时还是有用的、有趣味的、有抚慰心的；也还可以好奇地思考一下，或许能从宗教中汲取某些观念和做法，用以丰富教门之外的世俗生活。

一个人可以对基督教的"三位一体"学说和佛教的"八正道"理论无动于衷，但同时也可以对宗教的某些做法生发一点兴趣，毕竟这些宗教在布道讲经、精进道德、营造团体精神、利用艺术和建筑、唤起信众远行求法、锤炼思想启发智慧、激发人们感恩春天之美等方面，都是各有其道的。这个世界已经饱受种种信教的和不信教的偏执者的困扰，在这片天地中，一定可以在完全拒斥宗教信仰与选择性地崇敬宗教仪式和理念之间保持某种平衡。

正是当我们不再相信宗教系由上苍钦赐下达，也不再以为宗教愚不可及时，事情才会变得兴味盎然。我们然后便可认识到，世人发明宗教实出于两个核心需求，这两个需求绵延不绝，世俗社会如今也还无法特别有效地加以应对。其一，尽管人类怀有根深蒂固的私心杂念和暴力冲动，但我们终究需要在社会群体中和谐地生活在一起；其二，我们需要应对令人生畏的各种人生苦痛，不管是职场上受挫失意、人际关系麻烦连连，还是痛失至爱亲朋，或者垂垂老矣行将就木，人类太容易遭灾受难了。上帝或许已死，然而，曾经促使我们祭起上帝的那些迫切问题依然困扰着我们，仍在要求我们拿出求解方案。哪怕经人提示后我们知道，耶稣拿五个饼、两条鱼让众人饱餐的故事在科学上并不准确，但那些需要解决的问题还是挥之不去。

现代无神论的错误就在于它未能看到，即使在宗教的核心教义遭到摒弃之后，宗教的诸多内容仍然不失其有益的意义。一旦我们不再感到需要非此即彼地作出选择，即要么在宗教面前五体投地，要么对宗教进行诽谤诋毁，我们便能自由地发现，宗教实乃无数天才构想的宝库，借此或可纾缓世俗生活中某些最最源远流长却又未予有效关注的病苦。

3

我自己生长在一个坚定的无神论家庭里，我的双亲是不信教的犹太人，在他们心目中，宗教信仰跟迷恋圣诞老人差不太多。我还记得父亲曾让我妹妹黯然落泪的场景。本来，妹妹心中还有个不算牢固的观念，觉得某一隐逸的神灵可能留居在宇宙某处，但父亲却力图打消她的这一观念，当时妹妹不过八岁。对我父母而言，假如发现社交圈内有人私下怀有宗教情绪，他们就会表现出深深的怜悯之情，仿佛对方已被诊断出患有严重疾病，而且，

一　智慧无关教义

从此你就难以说服他们再正眼看待人家。

父母的态度强烈地支配着我，可是在二十五岁前后，我的无信仰世界却经历了一场危机。我的怀疑情绪萌发于早年聆听巴赫大合唱之时，此后当置身贝利尼的圣母画作前又有所发展，最后在涉猎禅宗建筑艺术时则变得一发不可收拾。然而，一直要到父亲去世后数年，我才开始直面自己心中的矛盾情绪，这种情绪抵触着从小就被灌输的那些世俗教条。顺便说一下，我父亲去世后葬在伦敦西北部威尔斯登的犹太公墓，上面立有一块希伯来墓碑，相当奇怪的是，他事先没有为自己作好更加世俗化的身后安排。

上帝并不存在，对于这一明确的信念我从来没有动摇过。我只不过是获得了思想的解放，觉得可能存在某种方法，既可以与宗教打交道，又可以不必接受其超自然的内容。换句更形象的话说，这种方法就是既心向上帝圣父，又不至于因此妨碍对家父的敬重和追念。我意识到，自己对来世重生或天国神仙之类说教一如既往地抵触，但这并不能证明我理当放弃各路宗教中的音乐、建筑、祷告、仪式、宴饮、圣地、朝拜、会餐、经卷。

世俗社会由于失去了一系列规程和主题而变得贫乏不堪，无神论者一般觉得无法与这些规程和主题生活在一起，总以为它们看起来跟尼采所谓"宗教的坏习气"密切相连。道德一词对我们来说已经变得风声鹤唳；想起聆听布道我们便会火冒三丈；对于那种认为艺术应当催人向上或教化育人的想法，我们唯恐避之不及；我们不再朝圣跪拜；我们已不能建造教堂庙宇；我们没有表达感恩的机制；对自视甚高者而言，读一本励志书的念头已变得荒诞不经；我们拒绝精神上的修炼；陌生人很少在一起唱歌；我们面临着一个不愉快的选择，要么接纳有关无形神灵的奇异概念，要么完全放弃一整套抚慰心灵的、微妙精巧的或者干脆就是魅力无穷的仪式，须知，在世俗社会中，我们还很难找到足可媲美的东西呢。

鉴于主动放弃了这么多，我们实际上放任宗教把本该属于全人类的体验范围都划作它的专属领地。我们理应毫无愧色地收回这些领地，让其也为世俗生活服务。早期的基督教自己就十分擅长挪用他人的出色思想，它还狼吞虎咽地吸纳了数不胜数的异教做法，而现代的无神论者居然回避这些东西，误以为它们天生属于基督教。当年新兴的基督教顺手拿来了冬至节庆，把它重新包装成圣诞节；它也吸收了伊壁鸠鲁关于在哲学群体中共同生活的理想，将其转变为今人所知的修道院制度；还有，在旧罗马帝国的城市废墟上，它不动声色地把自己安插到了原先供奉异教英雄及异教主题的庙堂外壳之中。

无神论者所面临的挑战便是如何逆转这一宗教的殖民化过程，即如何把观念和仪式与宗教体制剥离开来。宗教体制宣称这些观念和仪式属于自己，可实际上它如何能够独占呢？例如，基督教中大多数精华实与耶稣降生的故事完全不搭界，其所围绕的中心议题还是群体、节庆、重生，在被基督教花多个世纪加工打

一 智慧无关教义　　　　　　　　　　Alain de Botton

宗教有个鹊巢鸠占的习惯，此点可见于罗马米兰达的圣洛伦佐教堂，17世纪时它建于罗马时代的安东尼努斯和福斯蒂纳神庙废墟之上。

磨之前，这些主题本已存在于世。我们现应作好准备，使得与心灵相关的需求摆脱宗教给它们涂上的特别色彩。当然，颇为矛盾的是，往往只有钻研了宗教，我们才能真正有效地重新发现并重新言说这些心灵需求。

　　本书以下章节将试图重新解读各种宗教信仰，主要以基督教为重点，也会涉及犹太教和佛教，由此希望能撷取一些有益于世俗生活的真知灼见，尤其是借鉴其针对群体生活挑战及精神和肉体病苦等方面的有益内容。这里的基本命题不是要说世俗化"化"错了，而是要强调，太多的时候，我们的世俗化未能遵循良好的途径。这主要是指在革除不切实际的理念这一过程中，我们矫枉过正地放弃了诸多宗教信仰中最为有用、最具吸引力的某些内容。

4

　　诚然，本书展示的这一行动方案将会开罪论辩双方各自忠实的追随者。有宗教信仰的人会反感他人看似粗疏地、选择性地、不成系统地来讨论其教义，他们会抗议说，宗教可不是从中随意挑选可口饭菜的自助餐。然而，不少宗教之所以走向没落，就是因为它们不合情理地坚持，信众必须把盘子中的所有东西都吃掉。为什么不可以欣赏乔托的壁画对端庄的刻画，而同时又绕开其中天使传报之类的说教呢？为什么不可以赞赏佛教的慈悲为怀，而同时又规避其中有关来世投胎的教义呢？对一个缺乏宗教信仰的人而言，从多家宗教中如此零星采撷，不过就像一个文学爱好者从作品大全中挑出几个自己最喜爱的作家一样，并没有什么罪过。要说这里只提及世界二十一个较大宗教中的三家，那并不表示厚此薄彼或者浅尝辄止，不过是因为本书的重点是要把宗教笼统地与世俗生活作比较，而不是要在众多宗教之间进行相互比较。

情绪激烈的无神论者也可能感到怒不可遏，会觉得居然有本书如此抬举宗教，要让它成为我们种种追求的一块永恒试金石。他们会指给你看许多宗教中疯狂的、制度化的不宽容性，还会指给你看，不管就抚慰心灵还是启蒙心智而言，艺术和科学蕴涵着同等丰富的宝藏，况且其条理性和人文性更胜一筹。附带着他们还会问道，为什么一个自称不愿接受宗教诸多内容的人——比如，他难以开口宣讲处女生子的故事，也无法认同佛教本生经中关于佛陀兔子转世之类的虔诚说法，怎么还可以把自己跟宗教信仰这样的不屑话题纠缠在一起呢？

面对这些问题，我的回答是：宗教之所以值得我们重视，是因为其理念上的远大追求，也因为它以一种世俗体制鲜曾做到的方式改变了世界。各路宗教力图将伦理道义和形而上学的理论跟现实生活结合起来，介入到了教育、时尚、政治、旅游、酒店、典礼、出版、艺术、建筑等诸多实务领域，其涉足范围之广博，足令历史上最伟大、最有影响力的世俗运动及相关个人所取得的成就，都相形见绌、难免汗颜。凡对观念的传播和影响感兴趣者，都不难在宗教身上找到魅力无穷的例子，它们堪称这一星球上最成功的教育和思想运动。

5

总之，本书并不是刻意要给特定的宗教论功摆好，它们自有自己的卫道士。本书不过是要考察宗教生活的某些方面，以让其中的若干构想能够卓有成效地用来解决世俗社会中的相关问题。本书也会扬弃宗教中那些较为武断教条的侧面，为的是从中提炼出某些仍有时效并且仍能抚慰心灵的内容。面对这个并不安生的世界上短暂生命中的几多危困和悲苦，那些怀疑宗教的当代心灵终究也需要一点慰藉吧。所以，本书希望能从再也不像是"真"的宗教那里，抢救出一点美好的、动人的、智慧的东西！

二　群体

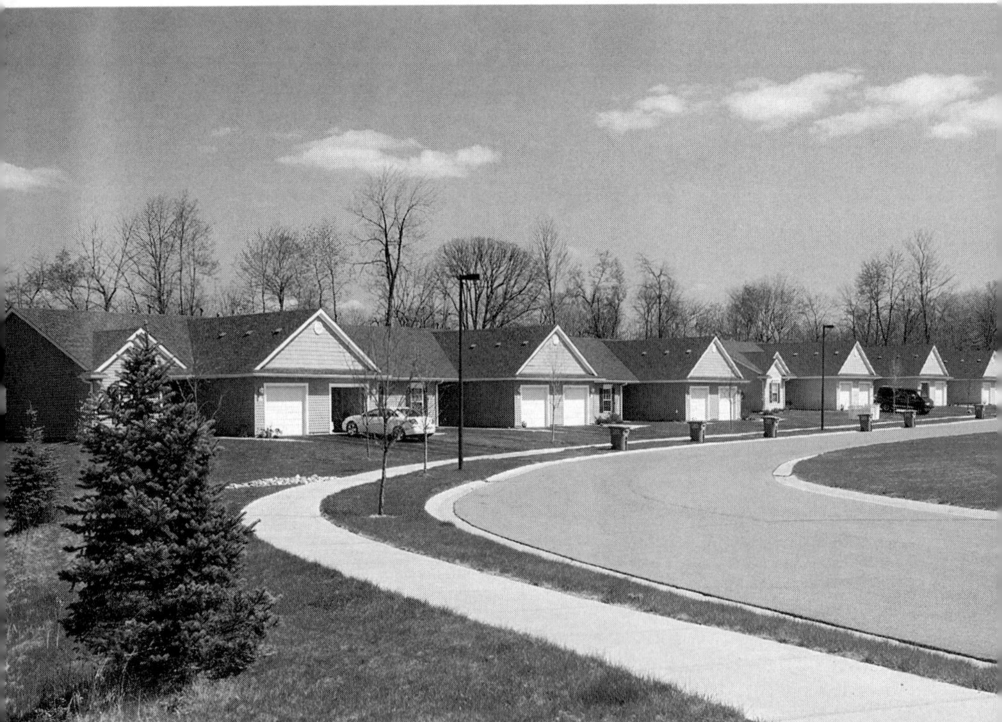

（一）与陌生人相见

1

有一种失落令现代社会感受得尤为深切,那就是群体感的失却。我们往往会猜想,曾经存在过某种守望相助的邻里关系,可惜它后来被冷漠无情的匿名社会关系取代了。在如今这个匿名社会里,人们寻求相互间的接触基本上只是为了特定的个人目的,如出于经济上谋利、社会上晋升或者感情上爱恋的需要。

我们之所以有这种怀旧心态,部分原因是痛感当今的人们不愿意向困顿之辈施与援手给予救济,但也可能是有感于某些轻微的社会冷漠现象,例如,人们不再在街上相互打招呼,或者不再帮助邻居老人买东西。我们生活在茫茫无边的城市,却不过被囚禁在按照教育、阶级和职业划定的封闭圈子内,并且惯于把其他人等视为站在对立面的敌手,而不是一个与之投缘、渴望加入的集体。在公共空间里,跟陌生人随意搭话简直就是非同寻常的古怪举动,一旦年过三十,再交个新朋友恐怕都会让人相当意外。

到底是什么侵蚀了我们的群体感?在试图弄清这个问题时,人们传统上把一大原因归结到宗教信仰的私人化身上,这是欧洲

二　群体　　　　　　　　　　　　　　Alain de Botton

016.

和美国 19 世纪所发生的变故。历史学家提出，我们开始无视邻居之时，大致就是不再聚在一起敬拜上帝之日。既然如此，我们不禁要问，在此之前，宗教为强化人们的群体归属感都做了些什么呢？更现实地说，世俗社会如果不依赖那个曾经捆绑在一起的神学上层建筑，到底有没有可能重拾这种群体归属感？是否可能恢复群体归属感，同时又不必站在宗教的基础上呢？

2

细察现代社会的疏离现象，我们的孤独感一定程度上可以归结为单纯的数字问题。这个星球上生活着几十亿人口，这就使得跟陌生人搭话这样的想法比起人烟稀少的年代要更加可怕，因为社交的深入程度似乎与人口的密度呈反比关系。一般而言，我们与他人欣然交谈，其隐含的前提是，我们也有可能与这一交谈对象失之交臂。贝都因人的帐篷周围，方圆一百公里都是荒凉孤寂的沙漠，他当然会有心理动力，向每一位路过的陌生人给予热忱的欢迎。可是，对于同时代居于城市的人而言，尽管他同样的心地善良、热情好客，但为了维持起码的内心宁静，他就必须对身边的同类表现出熟视无睹的神情，哪怕这数以百万计的人群就在你周遭几厘米外吃喝拉撒、睡觉做爱、争吵不休、生老病死。

此外，还有一个我们如何与他人接近的问题。通常，我们与他人相见是在通勤的轨道交通车厢里，在摩肩接踵的人行道上，

二　群体　　　　　　　　　　　　　　Alain de Botton

在机场人群集聚的大厅内。这些公共空间加在一起，投射出一个我身渺小无足轻重的画面，会让我们自惭形秽，很难再有能耐去坚信，每个人必然都是血肉丰满、个性独具的万物灵长。沿着伦敦闹市牛津街走上一程或者在芝加哥奥黑尔机场换乘一次，恐怕你就很难再对大写的人性寄予厚望。

过去，我们感觉与邻里乡亲关系热络，部分原因在于他们往往也是我们劳动中的伙伴、工作中的同事。当时的家不会永远是早出晚归的匿名宿舍，乡邻之间相互熟识并非因为大家都是语言交流大师，而是因为需要一起晒收干草、翻盖校舍屋顶，而这种活动自然会在不知不觉之间强化彼此的关系。然而，资本主义决不会长久容忍本地生产和乡间作坊，它甚至会巴望我们完全不跟周围邻居接触，因为它担心邻居们可能把我们堵截在上班的路上，或者妨碍我们完成一宗网上购物的交易。

过去，我们结识他人，是因为自己别无选择，只得向人求助，当然反过来人家也会求助于我们。乐善好施是前现代生活中不可或缺的一部分，当时的世界里，没有医疗保障、失业保险、公共房屋、消费信贷，向一个半生不熟的人借点钱，或者给流浪乞丐施舍一点，乃司空见惯无可避免之事。要是街上有个病人、弱者、迷路人或者无家可归者走过来，当年的路人可不会立刻转头移开目光，心想政府有关部门会处理这个问题的。

单纯从钱财的角度看，我们比起先辈们可要慷慨很多了，毕竟已把自己收入的一半用于公共福利目的。然而，我们这样做时却几乎没有意识到这一点，因为大家是通过税收体系这个匿名机构捐献财富的。什么时候真的想到这一点时，那也很可能是我们心怀愤怒，觉得自己的钱被用来供养了不必要的官僚机构，或者用来采购了导弹。我们的税收也为社会中不那么幸运的人采购了干净的被单、食物、住所、每日用量的胰岛素，但我们很少感觉到自己与这些人有什么直接联系。无论是捐赠者还是受赠者，谁也未曾觉得有必要说声"请吧"或者"谢谢"。我们的捐赠从来没有像基督时代曾经的那样，被定格为互相依存关系中的生命线，而在曾经构想的那种精致复杂的关系中，该生命线对受赠者有实际好处，对捐赠者也是有精神收益的。

由于大家都封闭在"蚕茧"一般的狭隘空间里，我们想象并体味他人境况的主要方式已变成了媒体。于是乎，我们会自然而然地以为，所有的陌生人都是杀人凶手、街头骗子，或者娈童流氓，而这只会强化自己的本能冲动，仅仅信任那些原有家族和阶级网络已为我们筛选过的少数人。在某些罕见场合，暴风雪、强雷击之类的突发事件成功打破了我们封闭的蚕茧，把我们扔到了陌生的人堆里，这时候，我们往往会惊奇地发现，身边的公民并没有表现出一丁点要腰斩我们或者猥亵我们孩子的意思，倒是显得令人难以置信的心地善良和乐于助人。

尽管我们可能已经离群索居，但显然还没有放弃要与他人建立关系的全部希望。在现代城市寂寞的峡谷中，没有哪种感情比"爱"更受到敬重。然而，这不是宗教所言说的爱，不是那种天下

二　群体   Alain de Botton

020.

幻想遇到一个人，从此不再需要去面对其他人。

一家的人类大爱,而是一种包藏嫉妒的、对象限定的,最终也更小气的爱。这种浪漫的爱驱使我们疯狂追求单一某个人,期望与之达成一种毕生的交融关系,而且幻想这个特定的人将让我们不再需要去面对普天下其他人。

现代社会有时候也会让我们接触到某种群体,可这种群体本质上也还是在膜拜职场成功。某晚会上,当人们问"你做什么工作?"我们感觉自己在梳妆打扮试探门路,如何回答上述问题将决定,是会受到热烈欢迎还是从此被彻底抛弃。在这些徒有共享之名实则充满攀比的聚会上,只有我们身上的某些东西才能折换成通用的货币,用来买到陌生人的殷勤奉承。尤其能起作用的就是我们名片上的头衔,于是,那些选择终生看孩子、写诗歌、种果树的人一定会醒悟到,自己已经违逆了权贵阶层的流行风尚,因此只配在边缘地带自生自灭。

有鉴于如此这般的势利眼光,毫不奇怪的是,我们中很多人义无反顾地一头扎进个人事业中。在这个世界,既然大家都把职场成功当作头号标记,借此不仅谋得安身立命的经济资源,而且赢得令自己心花怒放的羡慕目光,那么,埋首专注于职场工作,对其他一切几乎都不闻不问,便是一条貌似充分合理的策略。

3

宗教似乎非常了解我们的寂寞之心。即使我们很少相信它们

二　群体　　　　　　　　　　　　　　Alain de Botton

022.

所说的来世重生，很少相信它们教义的超自然起源，但还是应当对其表示钦佩，钦佩其深通我们与陌生人之间的隔膜，钦佩其努力化解通常妨碍我们与人沟通联络的那一两条偏见。

诚然，对无神论者而言，天主教的弥撒并非理想的聚会场所，那里的大多数对话要么有悖于理性，要么干脆就无法听懂。弥撒延续的时间也很长，直让人昏昏欲睡难以克制。可是，这个仪式仍然充满了诸多要素，能够润物细无声地增强聚会教徒之间关爱的纽带。无神论者理应研究这些要素，不时还可加以借鉴，转用到世俗生活当中。

天主教培养群体归属感是从场景建设开始的。它先是划出一块地，四周立起墙壁，再宣告四墙以内的范围将树立一套与众不同的价值观，这些价值观会迥然有别于城市办公间、体育馆、起居室这些外部世界所通行的观念。普天下的建筑物无不为其主人提供了调节到访者期望、定下相应行为规矩的种种机会。艺术馆为人们默默注视油画作品的习惯提供了专门的场所，夜总会则让人们可以跟着乐曲的节拍手舞足蹈。教堂凭借其诸多高大的木门和刻在门廊周围的三百尊石天使，给了我们平时少有的机会，来俯身与陌生人打个招呼而又不至于被认为心怀鬼胎或者神经错乱。我们获得的承诺是，在这里，套用弥撒进堂式上的致候词，"上帝的慈爱，圣灵的共融"与到场的教友同在。教会将其日久天长所积累的无上声誉、深厚学养和建筑辉煌给予我们，让我们放下羞怯之心，向陌生人敞开心扉。

无神论者写给

Religion for Atheists

023.

聚会教徒的人员构成也别开生面。出席者一般不会整齐划一，拥有相同的年龄、种族背景、职业类型、教育程度、收入水平。他们不过是随意的组合，纯由某些共守的价值观念将不同的心灵联结在一起。平时我们都分别活动于各异的经济和社会小团体，而弥撒却积极地打破这种隔阂，将大家汇入浩荡的人群。

在这个世俗的年代，我们经常想当然地以为，热爱家庭与群体归属必然是同一的。现代政客们谈论修复社会的宏愿时，即把家庭称颂为群体生活的核心象征。然而，基督教在这方面却更加明智，也更少煽情，因为它承认，对家庭的依恋实际上可能会缩小我们爱心的圈子，会转移我们对更大事务的关注，比如，会妨碍我们去理解自己与全体人类的关系，妨碍我们去学会既爱亲人也爱外人。

正是抱着此类大群体的追求，教会要求我们把一切对世俗地位的迷恋放诸脑后，它转而崇尚的是慈爱和施舍这样的内在价值观，而不是权力和金钱这样的外在标记物。基督教最伟大的成就中，有一项成就是，除了援引和风细雨的神学辩论外，它能够不动用任何胁迫手段，说服君主显贵和达人大亨，让其在一个木匠的塑像前屈尊下跪，并且为庄稼汉、扫街人、马车夫涤足洗脚。

不过，教会所做的并非仅仅宣称世俗的成功无关紧要，它还是用了各种方法让我们想象到，没有世俗成功我们照样可以得到幸福。教会充分理解为何人们醉心于世俗功名，所以它设定了某些条件，让我们能够在这些条件范围内，心甘情愿地放弃自己对等级地位和虚名浮利的眷恋。教会似乎清楚，我们之所以费尽心机要再上层楼，主要是因为担心，假如没有高位会落到何等的地步，自己会不会被剥去尊严、仰仗他人的施舍、失去朋友而门可罗雀、不得不在令人心灰意懒的低劣环境中了此残生。

弥撒的天才之处就在于设法逐一矫正这样的忧虑心。用于举办弥撒的建筑物几乎无一例外都富丽堂皇。尽管严格说来教堂是个倡导众生平等的地方，但其建筑本身的精美一般要超过宫殿，置身于弥撒的集会行列也令人神往。当"庸庸碌碌一如常人"看来注定让人苦恼一生时，当世俗风尚就是这样无可称道、令人丧气时，我们特别想要出人头地、支配他人。于是，较高的社会地位成了一种工具，借此可以让我们脱离自己所憎恨和恐惧的人群。然而，当大教堂内的教友们开始唱响《荣归主颂》时，我们多会感到，这里的人群完全不同于在教堂外的购物中心或者俗乱的交通枢纽所见到的人群。这里的陌生人都注视着星星点缀的穹顶，齐声祈祷："主啊，福临人间吧，请以你的荣光，赐予我们力量！"此情此景，应让我们体会到，人类的生存或许不该太过悲苦猥琐吧。

正因如此，我们可能开始领悟，自己不必那样疯狂地工作，因为我们看到，自己希望通过职场成功去赢得的尊重和安全，已经可以在这个温暖感人的群体中获得，该群体张开双臂欢迎我们，丝毫没有设立任何世俗的门槛。

如果说弥撒中那么多次提及贫穷、悲伤、挫败、失落，那是

二　群体

026.

Alain de Botton

因为教会把病患者、懦弱者、绝望者、衰老者也视为人性的典型侧面，而且更有深意的是，也将其视作我们自己的典型侧面，哪怕我们惯于否认这一点。一旦把这些侧面呈现给大家，当能够正视它们时，我们便深感人间需要彼此的关爱。

在高傲自大的时刻，七宗罪之一的傲慢——奥古斯丁教义中所谓骄傲——会主宰我们的个性，将我们闭锁起来，从而脱离周围人群。当我们心心念念之事无非是夸耀自己如何顺风顺水呼风唤雨时，在他人眼里我们便变得了无趣味，你不过把周围人当作了自我炫耀的对象。只有敢于与他人分享自己的忧虑和懊恼时，友谊才会有成长的机会，弥撒仪式便鼓励人们抛别傲慢。世上有许多我们害怕曝光的纰漏，有许多会招人嘲笑的失误，也有许多让狐朋狗友臭味相投的秘密，如此之类原不过是人类生活的正常部分，我们没有理由在这样的场合闪烁其词或刻意撒谎。弥撒所在的建筑物专门用来铭记并尊重普通人的恐惧和弱点，这样的普通人绝对不是远古传说时代屡见不鲜的英雄，绝对不是罗马军团里神勇无畏的战士，也绝对不是古罗马元老院中的富贵政客。然而，这样的普通人最值得被奉为至人，最值得被加冕为王中之王。

4

如果我们在弥撒期间既没有打瞌睡又的确领悟了其中的教益，那么待其收场时，至少在一定程度上，弥撒应已成功地把我

二　群体

028.

Alain de Botton

们从习以为常的自我中心主义刀刃上解救了下来。它也应已留给我们若干启示，可用来修补现代世界某些积习已深的流弊。

这些启示中，首要的一点是，应当把人们带到教堂之类的独特场合，这种别致的地点本身应该足够吸引人，足以唤起人们合群的热情。它应该激发到访者放下平时那颗畏首畏尾患得患失的心灵，转而快乐地沉浸到与集体打成一片的精神中。在大多数现代社区中心，此等场景不大可能出现，因为相当自相矛盾的是，这些社区中心的外观就在强化人们的固有想法，让其觉得加入任何的集体交流活动确非明智之举。

第二点，弥撒隐含了一个启示，即应当注意提出一些用以指导人们相互交往的规矩。弥撒经书对弥撒的礼拜过程作出了指南性规定，要求集会的教徒们在特定的节点或仰视，或起立，或下跪，或歌唱，或祷告，或饮食，这些关于礼拜仪式的复杂规定证明了人性的一个基本侧面，即有必要对人与人之间的行为方式加以指导。为了保证能够打造丰富且有尊严的人际纽带，制定一套严格编排的活动程序，比起放任一个团队毫无目标地自行交往，可能会有更好的效果。

从弥撒可以学到的最后一点启示跟弥撒的历史密切相关。现在的弥撒是个礼拜仪式，教徒们坐在位子上，面朝祭坛，祭坛后的神父手持一块圣饼和一杯酒。而以前弥撒就是一次普通的会餐。如今我们所知的圣餐最初只是一种聚会，早期的基督教团体为了纪念最后的晚餐，放下手中的工作和家务，围桌而坐，桌上一般

二　群体　　　　　　　　　　　　　　　　　　　　Alain de Botton

030.

人为的作品仍可打开通向真挚情感的大门。关于如何举行弥撒，1962年版《罗马弥撒经书》载有拉丁文和英文训令。

放满了酒、羊肉,还有一片片未经发酵的面包。在这里,大家交谈、祈祷、重申对耶稣以及对各自的义务。正如犹太人有安息日餐,基督教徒也理解到,只有当我们口腹之欲得到满足时,我们才往往最愿意让自己的头脑去关注他人的需要。为了弘扬那个最重要的基督教美德,这些餐会因此被称为"团圆筵"(或称"爱筵"),在耶稣死后至公元364年老底嘉会议这段时间里,基督教团体定期举办这样的爱筵。只是在有人抱怨某些筵席过分丰盛纵情之后,早期的教会才最终作出了那个令人扼腕的决定,即"团圆筵"应当加以禁止,信众应当在家里与家人共餐,餐毕之后再出来聚会参加如今我们所知的圣餐这一精神性宴饮。

5

这里有必要讲一讲餐饮的问题,因为现代生活中群体归属感的缺失也反映在我们吃喝的方式上。当然,现代世界并不缺乏高朋满座觥筹交错的场所,城市照例仗其饭店餐馆的数量和质量而引以为豪。可是,值得关注的是,几乎到处都缺少那些可以帮我们把陌生人变成朋友的场所。

虽然当今的餐馆也没有少讲朋友相聚的好话,但它们所提供的不过是某种不足以解渴的虚幻景象而已。有不少人夜晚光顾餐馆,这似乎表明这些地方谅必是逃离匿名、摆脱冷漠的好去处。但事实上,它们没有什么系统的途径来让顾客们相互结识,来消

二　群体　　　　　　　　　　　　　　　　　Alain de Botton

032.

在成为礼拜仪式前，弥撒就是聚餐。

除他们相互间的猜疑，来打破致使人们彼此隔离的藩篱，来让他们敞开心灵并倾诉自己的脆弱心理。全部的焦点就是盘中食物和背景装潢，而不再是创造机会努力延伸博爱、加深情义。餐馆与家里一样，一旦吃东西本身变成了主要的吸引力，人们关心的只是小牛肉片的纹理或者密生西葫芦的水分，那么可以肯定必然是哪个方面出了问题。

如此一来，酒足饭饱的客人们在离开餐馆时，往往与进来时差不多，用餐的经历无非强化了原有的圈子壁垒。餐馆饭店如同现代城市中的诸多机构一样，也许擅长将人们聚拢到同一个地方，可一旦大家到了那里，它们却待客乏术，无法鼓励客人进行有益的彼此交流。

6

既然已经知道了弥撒的好处，也了解了当今宴饮方式的缺点，我们便能够设想一下理想的未来餐馆，这个"博爱餐馆"将可真正体现圣餐中最深奥的用心。

这一餐馆将有一扇开放的门，进场费用较低，内部设计引人入胜。在座位安排方面，通常让我们彼此分割的族裔及其他圈圈都会被打破，家人和夫妇也会分开，非亲缘关系会重于亲缘关系。每个人都可心安理得地接近他人并与他人搭话，不必担心遭到冷遇或受到责难。客人们单纯依靠占有共同的空间，就能像在教堂

二　群体　　　　　　　　　　　　　　　Alain de Botton

034.

食物不是最重要的东西：杜乔·迪·博宁塞尼亚，《最后的晚餐》，1311年。

中一样，发出自己归于群体、忠于友谊的信号。

与一群陌生人围坐在桌边有个无与伦比的奇特好处，那就是，要想不受惩罚地记恨他们可能会增加一点难度。人际偏见和族群纷争本源于心不在焉和凭空想象。然而，同餐共饮时促膝而坐，互相传送着盘子，一起展开餐巾，甚至是请陌生人把盐递过来，如此等等，会让我们难以再对奇装异服、口音有别的陌生人固守成见，不会再觉得非要把这些异乡人送回老家或者痛打一顿不可。为了缓解民族冲突，世人出台了诸多堂而皇之的政治决议，可是，真要在互相猜忌的相邻族群之间培养宽容心，除了强迫他们一起共进晚餐外，恐怕很少还有更能奏效的其他方法了。

许多宗教都意识到，进食的时刻特别适合进行道德教化，或许是马上有东西可吃的前景会诱使人们收起平时的抗拒心理，面对桌上的美味佳肴，我们会禁不住想对他人也慷慨一番。宗教也充分了解我们非思想性的口腹之欲，知道不能单靠言辞这样的媒介让我们弃恶向善。它们也认识到，用餐时的人们是一群被逮住的听众，他们更可能会交替吸纳精神的和物质的营养，所以宗教惯于把餐饮场所变成乔装打扮的道德课堂。我们还没有啜第一口酒，它们就让大家停下，先说出一个想法，让这个想法像药片一样随着液体一起吞下。在两道菜之间，借着大家满足的神情，它们会让我们听一段说教。宗教还会用具体种类的饭菜和饮料来指代抽象的概念，比如，会告诉基督教徒，面包代表了基督神圣的身体；也告诉犹太教徒，逾越节上那盘切碎的苹果和坚果就是他

二　群体　　　　　　　　　　　Alain de Botton

036.

"博爱餐馆",此乃圣餐和基督教会餐传统的世俗传承。

们被奴役的先人用来建造埃及仓库的灰泥；还告诉禅宗佛教徒，杯中缓慢泡制的茶水正好象征了轮回世界中福分无常昙花一现的本质。

宾客们在"博爱餐馆"落座后，会发现面前摆着指南手册，其中列明了餐饮时的行为规范，这本手册也许会使人联想起犹太教的《哈加达》或者天主教的弥撒书。这里决不会把哪个人扔在一边，任其自己摸索与人谈笑甚欢的门道，就好像在犹太教的逾越节晚餐或者基督教的圣餐上，决不会让参与的教友去自行索解以色列各部落的重要历史片段，或者就此来实现与上帝的契合交融。

这本《博爱指南》将会指导就餐宾客在哪些预先规定的话题上应该交谈多长时间。正如《哈加达》规定，逾越节晚餐礼仪上，在场年纪最小的孩子只能问那些人所共知的问题（"为什么今晚不同于所有其他夜晚？""我们为什么要吃未经发酵的面包和苦菜？"等）。《博爱指南》上的谈话要点也是为具体的目标而精心炮制，借以哄劝宾客们回避那些语含傲慢的套话（"你做什么工作？""你孩子上什么学校？"），使之更加真诚地袒露自己的内心世界（"什么事情令你懊悔不迭？""你无法宽恕哪个人？""你害怕什么？"）。这样的圣餐仪式将如弥撒场合一样，会激发起最深切的博爱善心，从而能够让人以深沉博大的悲悯胸怀来关心同类生命的生存状态。

我们将能够悉心体味他人有关恐惧、内疚、愤怒、抑郁、苦

二　群体   Alain de Botton

038.

我们得益于拥有那些宣讲用餐规矩的书籍。此《来自巴塞罗那的〈哈加达〉》（约1350年）是一本有关程序严格的逾越节晚餐的训导手册，旨在宣讲犹太历史教训并激发群体归属感。

恋、不贞的讲述，这些故事会给你留下某种印象，感到大家都处于一种神智迷乱以及值得爱怜的脆弱状态。这样的交谈将撩开我们戒备重重的外表，揭示我们大多数人都有点精神失常这一实情，从而使自己摆脱某些关于他人生活的失真想象，并且获得心理的动力，去向同样备受折磨的旁人伸出援手。

会餐时的礼拜仪式对刚参与者而言，开始时无疑会显得稀奇古怪。然而，他们一定会逐渐领悟到，有见地的行为规范的确会激发人们心中的真切情绪。须知，跟一群人一起跪在石头地板上，眼睛盯着祭坛，齐声吟诵"天主啊，我们为信奉你的人祈祷，祈盼他们沐浴在你所赐予的大爱之中，与他人分享并且传播你的慈爱。我们以耶稣基督的名义请愿，阿门"，这也很难说是油然而生的自然之举。可是，参加弥撒的善男信女并不把此类有条理、有安排的指令与其宗教对立起来，相反，他们欢迎这些指令，因为它们营造了一种在其他随便的场合不可能唤起的浓烈感情。

借助"博爱餐馆"，我们对陌生人的恐惧将会消散，穷人与富人，黑人与白人，虔信者与世俗者，偏执者与明达者，打工者与管理者，科学家与艺术家，都将同桌共餐。原先那种只从既有关系中获得全部满足的自我幽闭压力将会消解，同样消解的还有那种削尖脑袋、巴结所谓精英圈子并且总想攀高枝的心理欲求。

通过集体会餐这样的简单举措来修补现代社会结构中的某些破碎裂痕，这种想法会引起某些人的反感，因为他们更相信通过立法手段和政治力量来解决社会问题。不过，这些餐馆并非传统

二　群体

040.

Alain de Botton

逾越节晚餐：社会机制在此也发挥作用，与议会或法庭中的社会机制一样有用和复杂。

政治方法的替代品，却会构成我们所设想的人际关系人性化过程中的优先步骤，目的在于让大家更加自然地与周围群体进行交往，且在轻松自愿的状态下，放弃我们原先的自私自利、种族主义、好斗成性、畏首畏尾、惴惴不安等心理冲动，须知，这些冲动正是传统政治所关注的诸多问题之根源。

基督教、犹太教、佛教都为主流政治作出了显著的贡献，但可以说，只有在作别现代政治的常规时，它们才能对群体归属问题显示出巨大的价值。这些宗教提醒人们，当站在大庭广众中间，与百名相识的人一起齐唱赞美诗歌时，当盛大庄重地为一位陌生人洗脚时，当与邻居围桌而坐分享炖羊肉并倾心交谈时，无不有其价值在。诸如此类的仪式，决不亚于议会和法庭内字斟句酌的审议，它们共同把我们这个支离破碎、脆弱不堪的社会凝聚到一起。

二　群体　　　　　　　　　　　　　Alain de Botton

042.

赎罪日，以色列的犹太人身着传统的白色服装，走在耶路撒冷空荡的街上前往犹太会堂。

（二）向他人致歉

1

宗教旨在唤起群体意识的努力并不限于让人们彼此相识，宗教也善于解决团体形成之后内部可能产生的问题。

犹太教高度关注愤怒这一问题，展现了独到的眼光，毕竟我们十分容易感到愤怒，极其难以表达这种情绪，要想平息他人的愤怒又是那样的令人惊恐和无所适从。从犹太教对赎罪日的安排中，尤其可以清楚地看到其对愤怒问题的重视，可以说，赎罪日是为了解决社会冲突而设计的最有效的心理机制之一。

赎罪日在提市黎月的第十天，紧随犹太新年之后，它是犹太历书中庄严而重大的事件。按照《利未记》的训示，犹太人必须在这个日子抛开家常琐事和商业活动，头脑中回想一下以往一年中本人的言行，以便找出自己对之言行失当或者冒犯伤害的那些对象。大家集聚在犹太会堂，必须反复念叨："我们犯罪，我们背信弃义；我们劫掠，我们诽谤中伤；我们变态，我们行为邪恶；我们放肆，我们暴力，我们编织谎言。"他们然后必须找出自己打击过、惹怒过、怠慢过、背叛过的那些人，向其献上最到位的痛

二　群体

044.

说声对不起并非大家刻意的想法：赎罪日礼拜，布达佩斯犹太会堂。

Alain de Botton

悔。这是上帝的旨意，是个一揽子宽恕的难得时机。晚上的祷告中会说道："普天下人都有缺点"，故此，"愿以色列全体人都得到宽恕，包括生活在他们中间的所有外乡人"。

在这一神圣的日子，犹太人被告知应与同事接触交流，与父母和孩子坐到一起，向海内外相识者、相爱者以及先前的朋友发个信件，罗列自己相关的罪孽时刻。反过来，道歉的对象也应当体察到，那些冒犯过自己的人此刻郑重请求宽恕确实言出由衷、尽心尽力。他们不应再对求恕者延续恼怒和愤恨，而应准备把过去的事情一笔勾销，并且意识到，自己生活中也一定不可能毫无过错。

在这个致歉的循环中，上帝扮演着一个得天独厚的角色。他是唯一的完美者，也是唯一置身于道歉之外的一方。对于其他每个人而言，不完美植根于人性之中，因此，忏悔的意愿也应当是人性的一部分。带着勇气、带着诚恳请求他人宽恕，这代表你了解并尊重人与神之间的区别。

赎罪日的巨大优势在于，它让说声对不起的想法看起来好像来自其他地方，其动力既非来自加害者这里，也非来自受害者那边。是这个日子本身让我们坐到一起，谈论六个月前的那个具体事件，讲讲当时你撒了谎、我大吵大嚷、你指责我缺乏诚意、我弄得你哭哭啼啼。这件事我们谁也不能完全忘怀，但又是谁也不会轻易提起，久而久之，彼此间曾经有过的信任和爱意因此会日益流失。所以，赎罪日提供了一个机会，实际上也赋予了一种责任，使我们停下手中的日常工作，重新来处理自己假装已经放诸脑后的事情。这一天让人感到，我们不是在为自己赎罪，我们是在照章办事。

2

赎罪日定下的规矩给某个伤害事件的双方都带来宽慰。作为受伤害的一方，我们往往不会主动提及令自己委屈的事情，因为这么多的伤口如今看来都荒唐可笑不足挂齿。没有受到邀请，写了信没有收到回复，我们居然为此大大地受伤；别人对你出言不逊，自己的生日被人忘了，我们又曾耿耿于怀许多个时辰。对这种鸡毛蒜皮的小事我们本当平淡以对、处之坦然，所以，今天翻检出来，让我们自己都觉得竟曾如此难以理喻。心灵上的多愁善感会损害我们的自我意识，使自己陷于痛苦之中，而且知道自己如此容易受伤又会加深自己的不适。我们忍气吞声也可能有不得已的经济因素。伤害我们的人往往手中有权，掌握着企业，决定着合同。正是这种权力上的不对等使我们三缄其口，可是这也并没有帮助自身摆脱心头的怨恨和压抑的愤怒。

换个角度，当我们自己造成了他人的痛苦并一直没有道过歉，那可能是因为曾经的糟糕行为让本人感到懊悔不迭、无可饶恕，我们可能太过内疚，反而无法启齿来表达歉意。我们会远远地躲避受害者，或对其表现出某种奇怪的粗野无礼，这倒不是因为对曾经的所作所为无动于衷，而是因为曾经的所作所为实在令自己无地自容，到了无法掌控的地步。这样一来，被我们加害的对方不仅要忍受原先的伤害，而且要承受我们因良心折磨而对其随后表现出的冷漠态度。

3

凡此种种，赎罪日都会帮你弥补。在这个宣称凡人必犯错的日子里，就具体的错误进行忏悔，显得较为容易和自然。当至高无上的权威告诉我们，人类都难免如同孩子般举止张狂，但还是可以得到宽恕时，我们坦白供认自己的愚蠢行为，就相对容易忍受了。

赎罪日显然具有强大的宣泄效用，可惜的是一年也只有一天。对世俗世界而言，它完全可以在每个季度之初采用自己的类似形式，恐怕还不需担心这种"悔过日"设得过多过滥的问题。

（三）对群体的敌意

1

假如认为，未能创建强大的群体纯粹是因为我们太过羞涩不跟他人打招呼，那当然是幼稚的想法。我们的社会疏离有一部分跟我们本性中的多种侧面有关，它们对群体价值观没有丝毫的兴趣，讨厌甚至厌恶彼此忠诚、自我牺牲、体谅他人之类的品格，而且还恣意无度地追捧自恋、嫉妒、怨恨、滥交、放肆等东西。

宗教非常了解这些秉性，并且认识到，如果社会群体要发挥作用，那就必须处置这些秉性，当然，处置的方法应该是巧妙地净化和洗刷，而不是简单地压制。故此，宗教为我们提供了一系列仪式，其中不少乍一看还有点繁琐，但其功能在于能够安全地释放我们秉性中邪恶的、破坏性的或者是毁灭性的因素。这些仪式当然不会大肆宣传自己的戒律，因为这样做只会强化参与者的自我意识，反而会令其惊恐地逃离。不过，从这些仪式的经久不衰和受人追捧来看，借助它们还是达到了某种关键的目的。

最佳的团体仪式会在个体的诉求与集体的需要之间进行有效

的调解。我们的某些冲动假如自由坦呈的话，定会无可挽回地毁坏我们的社会。可是，如果简单地以同等的力量对其加以压制，则它们最终也会伤及个体的精神健全。因此，仪式就是要调节自我与他人的关系，它是一种有节制的、经常也是美好动人的净化过程。仪式划出一个空间，在此范围内，自我中心的要求可以得到尊重，但也需要得到驯化，这样才可以求得并保障群体的长远和谐以及持久生存。

2

从犹太教在挚爱亲人去世时所行的仪式中，我们可以看到此类功能。这种场合常见的问题是，哀悼者悲痛欲绝，乃至无法履行自己对于群体的职责。因此，习俗会告知群体应该留给痛失亲人者足够的机会，任其表达内心的悲伤，但同时，它也会施加某种轻柔温和而又逐渐增加的压力，借以保证哀伤者最终回归正常的生活轨道。

在亲人去世后的七天服丧期，会允许一段时间天翻地覆般的混乱，然后是较为克制的三十天周期，当事人可以免去众多群体职责，再后则是整整十二个月，让哀悼者在犹太会堂的各种礼拜仪式中表达对逝者的祈祷和追念。但是，待一年结束时，当墓碑落成、进一步祷告完毕、家里的礼拜和聚会也完成后，生活的任务和群体的要求便会得到明确的重申。

二　群体　　　　　　　　　　　　　　　　Alain de Botton

050.

如何表达悲伤又不至于悲恸欲绝？可能会有完全放弃个人生活及群体活动的冲动。父亲去世一年后犹太墓碑揭幕。

3

除葬礼外，大多数宗教的集体仪式展示了外向的欢快精神。仪式会在食品堆山积海的大厅举行，人们翩翩起舞、交换礼物、举杯祝愿，洋溢着轻快的氛围。然而，在欢快的气氛之下，在居于仪式中心的人们身上，也经常包裹着一种哀伤，因为他们可能会为了整个群体的利益而放弃某个独特的好处。这个仪式其实是一种补偿的形式，是一个转变的时刻，让人能接受某种东西的流失并为此而感到喜悦。

参加结婚典礼时，多数时候你会自然地意识到，庆典活动某种程度上也标示着一种哀伤，即为了生儿育女和社会稳定的缘故，需要从此埋葬性自由，收起个人的散漫之心。当然，群体会在此刻通过礼物和演说，给予某种意义的补偿。

犹太教的成人礼是另一个例子，表面上仪式充满欢欣，实则使劲在安抚内心的紧张情绪。从外表形式看，成人礼是要庆祝犹太男童踏入成年的时刻，但它同样非常关注让父母适应孩子不断的发育成熟。父母心中很可能会升起复杂的遗憾之情，哀叹从儿子出生时分开始的哺育期行将结束，而且，特别是在父亲这里会有种感觉，觉得很快需要应对自己的年老力衰，还有，看到被新一代赶上并超越，难免有种羡慕嫉妒恨的复杂滋味在心头。在举办仪式的当天，人们真诚地祝贺母亲和父亲，夸赞孩子的能言善辩和身心成就，当然也同时委婉地鼓励父母应当放手让孩子高飞。

二　群体

Alain de Botton

052.

假如没有任何感到悲伤的东西，我们还需要礼仪庆典吗？成人仪式，纽约州。

宗教并不指望我们单靠自己来处理全部的情感问题，它们在这一点上非常明智。宗教知道，当人们不得不承认自身无法克制绝望、贪欲、妒忌、自大等情绪时，该是多么的迷茫和蒙羞。宗教也理解到有些时候我们难以启口，比如，如何去告诉无助的母亲我们对她极其不满，如何去告诉自己的孩子我们羡慕乃至嫉妒他，如何去告诉未来的配偶结婚这个想法既让人欣喜又让人惊恐。因此，宗教提供了特殊的节庆日子，使我们心中的烦恼可以借助这些日子而得到化解。宗教也提供了诗行让我们吟诵，提供了歌词让我们齐唱，引领大家走过心灵世界暗流涌动的险恶地带。

要而言之，宗教深知，归属于群体一方面十分可取，另一方面又并非易事。就此而言，宗教比起那些世俗的政治理论家要远为通达老到，因为理论家们虽然以深情的笔触探讨群体归属感消失的问题，但他们拒绝承认社会生活中那些与生俱来的阴暗面。宗教固然告诫我们要礼貌待人，要互相敬重，要彼此诚信，要冷静自制，但它们也知道，假如不让我们时不时出点小轨，我们的身心也一定会被毁掉。宗教坦然相信，仁爱、忠信、甜美之所以存在，恰恰有赖于其对立面，如此洞察正是宗教最为圆熟的智慧所在。

4

中世纪的基督教必定深谙此等二元对立相辅相成的道理。在

二　群体　　　　　　　　　　　　　　　　　　　Alain de Botton

054.

为保持心智正常，可能需要偶尔照着"路加趾甲"版本进行布道。19世纪表现中世纪"愚人盛宴"的画作。

一年的大多数时间里，基督教宣讲庄重、秩序、克制、友善、诚恳、热爱上帝、性生活正派得体，然后在新年前夕，它又会开启集体心灵世界的铁锁，放任大家进行一场"愚人盛宴"。整整四天里，周围世界彻底颠倒一片混乱：神职人员会在祭坛顶上掷骰子，不说"阿门"反而学驴叫，在教堂中殿拼酒量，演奏《圣母颂》时放响屁，而且照着《福音书》的搞笑版（什么"鸡屁股"版本、"路加趾甲"版本）进行荒唐可笑的布道。在喝得酩酊大醉之后，他们会倒拿经书，对着蔬菜祈祷，还会从钟楼往外撒尿。他们也会为驴子举行婚礼，把硕大的毛线阳具绑在自己的外衣上，不分性别缠着跟任何不反对的人去性交。

但所有这一切都没有被当作笑话来看，它是神圣的，是一种"神圣的搞笑"，其设计初衷是为了保证一年中其他所有时候都正道向上。1445年，巴黎神学院向法国的主教们解释说，"愚人盛宴"乃基督教年历中必要的节庆安排，"目的是要让愚蠢这一人类与生俱来的第二天性至少得到每年一次的自由发泄。如果不时而开盖放放气，酒桶也会爆炸。大家都是些拼接得不算好的酒桶，所以我们会允许在某些日子释放一下傻气。释放完之后，我们才能带着更大的热情回到为上帝服务的事业中"。

从中获得的启示是，假如我们希望拥有运转自如的群体，就不能对人性抱持天真幼稚的想法。我们必须充分地接受自己身上破坏成性、对抗社会的深层情绪，我们就不应当把纵酒宴乐、胡作非为扫荡到社会边缘，只留给警察来收拾，或者留给评论家去皱眉蹙额。我们应当也给混乱胡闹留出一个肆意挥洒的空间，大概一年一次吧。通过设定这样的时机，可望短暂地摆脱一下世俗成人生活中两个最大的压力，即不得不理性克制，不得不忠贞尽责。应当允许我们胡说八道，把毛线阳具系在外套上，夜深时分外出参加派对，随意跟陌生人欢快地做爱，然后在次日早上回到自己伴侣的身边。当然，伴侣自己也出去同样地放松过了，双方都知道，这不是什么个人的行为，大家不过是依照"愚人盛宴"在例行公事罢了。

5

我们从宗教中不仅了解到群体的魅力，而且了解到，一个良好的群体也会接受我们不太愿意归属群体的诸多心理，它至少知道我们无法忍受一个永远都有条不紊秩序井然的群体。如果我们设有博爱盛宴，那么也必须拥有自己的愚人盛宴。

三　和善

（一）自由主义与家长主义

1

一旦我们长大成人，很少再有人一本正经地鼓励我们要和善待人。现代西方政治思想中的一个关键前提假定就是，我们应当在不受责骂的状态下如己所愿地自由生活，既不必恐惧他人的道德评判，也不应屈从于某一权威一时兴起的意念。自由已经成为我们至高无上的政治品格，人们不会设想让国家承担起教化的责任，来告诉大家应当如何跟他人交往，或者把我们送去听听关于侠肝义胆和礼节礼貌的讲座。现代政治，不管是左翼还是右翼，都被一种所谓自由主义意识形态主导着。

作为最早并且最雄辩地倡导这种放任主义的人士之一，约翰·斯图尔特·密尔在其1859年的《论自由》中解释道："在一个文明社会中，对任何成员在违背其个人意愿的情况下行使权力，只能有一个正当的目的，那就是防止其对他人产生危害。他本人的利益，不管是身体的还是精神的，都不构成足够的理由。"

依据这一设想，国家不应当怀抱某种期望，想要去处理国民内心健全或者外表礼貌这样的问题，公民的个人小节不该受到评论或指责。自由主义者所担心的是,对小节的干预可能会将政府打造成一个保姆国家,在他们眼里,那是最应当加以讨伐、最令人厌恶的政权类型。

2

与此相比,宗教一直怀有塑造他人的雄心壮志,对于社会成员应当如何相处,宗教提出了一些影响深远的理念。

不妨看一下犹太教的例子。犹太法典《密西拿》[1]中的某些篇章与现代法律有着十分相似的内容,其中关于不偷盗、不违反合约、战争中不对敌人实施不成比例的报复,都有一些耳熟能详的法律规定。

然而,其他大量的法令却引人注目地超出了通常的领域,远远超越了自由主义政治意识形态判定为合适的范围。犹太法典津津乐道地详细规范了应当如何与家人、同事、陌生人,甚至与动物相处。它规定,在还没有喂饱山羊和骆驼时,自己绝不能坐下吃饭;如果答应的出行为时超过一夜,应当征得父母的同意;每个春天时节都应当邀请社区中的寡妇一起来用餐;应当只在收获季节敲打橄榄树一次,以便把剩余的果子留给孤儿和穷人。此类

---

[1] Mishnah,是犹太教口传律法集《塔木德》的前半部和条文部分,主要根据前代犹太教学者十三种口传资料,用希伯来文写成,记载教规、婚姻、家庭、宗教生活等守则。——编者

犹太法典不仅规定偷窃是错的，而且规定赶驴者与妻子同房应为每周一次。摩西领受刻有律法的石碑，录自一法文《圣经》，约834年。

062.

建议中，最登峰造极者莫过于有关性交频率的指令。男人被告知有义务为了上帝，应当有规律地依照日程表来与妻子做爱，这个日程表把做爱频率与职业责任的等级挂起钩来："对拥有独立经营手段的男人，每天；对体力劳动者，每周两次；对赶驴者，每周一次；对赶骆驼者，每三十天一次；对水手，每六个月一次。"（《密西拿》"婚书篇"，5：6）

3

自由主义理论家们会退而承认，试图满足配偶的性要求，慷慨地分享橄榄，将出行计划通报给长者，毫无疑问都值得称道。然而，对于把此类愿望转变为法律条文的家长制做法，他们会视若稀奇古怪和十足邪恶而加以谴责。按照自由主义的世界观，什么时候喂狗、请寡妇来吃饭，不过是个人良心上的事情，不是社会群体需要作出判断的问题。

依据自由主义者的考虑，在世俗社会中，应当在法律监管的行为与个人道德约束的行为之间划出一条明确的界线。防止对公民生命和财产构成损害，这类事情应当由各级议会、警察力量、法院和监狱来承担，而较为模糊的各类小节问题应当完全属于良心的斟酌范围。因此，偷窃一头公牛，这是警官要调查的事，而卧房中冷漠以对二十年乃至令某人郁郁寡欢，这就轮不到警察去调查。

不愿意介入私人事务，其根源与其说是冷漠，不如说是怀疑，具体而言，是普遍不相信何人居然能确知何为美德，更不相信如何可能把美德安全而又明智地灌输给其他人。自由主义者认识到伦理问题固有的复杂性，也不可能看不到，很少有问题能够一清二楚地归到"对"和"错"这种毋庸置疑的类别中。一方眼里显而易见的真理，在另一方看来可能只是具有文化倾向性的偏见而已。自由主义者回顾了以往多个世纪中宗教的自以为是，深为信仰所包含的危险而震颤。他们出于对粗陋道德主义的憎恶，把对道德的谈论逐出了公共领域。当有人跃跃欲试地要质疑他人的行为时，自由主义者可能会抛出一个足以令其发抖的问题：你算老几来告诉我该怎么做？

4

然而，有这么一个领域，在其中我们会不由自主地赞成道德干预，而不赞成抱持中立态度。对我们许多人而言，这个领域主导着我们的实际生活，并且就其价值而言，压倒了所有其他的关注。这就是养育孩子这件事。

为人父母必然意味着强有力地介入自己孩子的生活，这样做是希望他们某一天长大成人时不仅守法，而且还要和善，比如，对自己的同伴体贴周到，对孤苦者有慷慨善心，对自己的动机有自我意识，不至于慵懒不堪或者自怜自哀。父母的耳提面命就其为时之长和密度之高，足可与犹太法典中所列内容相提并论。

父母当然也面临着自由主义理论家们在政治领域深感头痛的两个问题，即："你算老几来告诉我该怎么做？""你怎么知道什么是对的？"可是，父母在得出切实可行的答案时并不觉得多么困难。即使是给孩子的心血来潮泼冷水，甚至经常要顶着孩子刺耳的叫喊声，父母一般也还是相信，自己正在指导孩子依照恰当的规矩行事；要是孩子拥有充分成熟的理性和自制力，他们定会自觉自愿地敬重这些规范。

这样的父母在自己家里崇尚家长制，这个事实并不意味着他们已经把所有的伦理疑虑都弄清楚了。父母们会告诉你，大事上拿不定主意也明显合乎情理，哪怕对许多小事信心满满。比如，揍弟弟的脸或者把苹果汁喷到卧室的天花板上，这里的对错很容易判别，但对某些大的问题，比如超过二十四周的胎儿到底是否可以实施人工流产，终究仍会犹豫不决。

为了给自己的主张提供具体的形式，父母经常不惜画出"乖孩子星星图"之类的复杂家政协议，把它们贴在冰箱侧面或者食品储藏室的门上。这些家政协议会事无巨细地详尽列出家长对孩子行为的期望以及反过来会对孩子的奖励。

这些图表一般都会使得孩子的行为有相当大的改善，同时，孩子似乎也因自己混乱无序的冲动得到监督和节制而获得某种不可思议的满足感。考虑到这些现象，持自由主义立场的成年人也许会受到触动，进而建议给自己往墙上钉一张"乖孩子星星图"，

即使是观念上最自由派的父母也承认，在调教四岁孩子时，"乖孩子星星图"是有用的。

用这张图来跟踪记录本人的古怪行为或许会有所益处。当然，他们更可能对这样一个显而易见的荒唐想法一笑了之。

5

假如成人"星星图"的想法虽有点奇怪但还不至于完全没有道理，那是因为在比较成熟理智的时刻，我们意识到了自身不完美的广度以及孩子气的深度。有那么多事情我们想做但从来就没有去做，也有那么多的行为方式我们倾心赞同但在日常生活中却抛诸脑后。然而，在一个对自由顶礼膜拜的世界上，已经剩下很少的声音敢于劝诫我们要好好做人了。

我们所需要的劝诫一般而言并不复杂：宽恕他人，不要一触即跳、暴跳如雷，勇于设身处地地考虑问题，恰当地看待自己的悲欢得失，等等。假如我们以为自己任何时候都用不着倾听有针对性的、直截了当的、条理简明的劝善提醒，那我们一定太过自以为是、老于世故了。更有智慧的是，我们应当认识到，大多数情况下，自己作为生命个体，也很需要善意的、坚定的、基本的指导，正如同我们视若当然地调教孩子、驯化家畜。

妨碍我们兴家立业的真正风险跟自由主义者设想的并不一样，在多数发达社会里，缺乏自由不再是个问题。我们如今之所以栽跟头，问题出在无法充分利用以往三个多世纪中先辈们为我等苦苦争取到手的自由。一方面我们可以不受干扰、随心所欲地行为，另一方面却又没有足够的智慧来利用好这种自由，这使大家懊丧不已。现在的问题主要不是我们身不由己地受到家长主义权威的支配，而自己却痛恨这些权威的种种主张，乃至一心想要摆脱操控获得自由。目前的危险正好相反：我们面临着撩人的诱惑，在那些能与之保持足够距离的间歇时刻，我们诅咒这些诱惑，但其他多数时候，我们却缺乏勇气去抵制诱惑，终于令我们自厌自弃、自感失望。当我们身上婴儿般不成熟的一面践踏我们颇为高尚的原则，无视我等最崇敬的东西时，我们身上成熟的一面在绝望地旁观哀叹。我们最深切的希望可能是，某人会站出来从我们自身那里拯救我们。

偶尔以家长主义方式提醒一下要循规蹈矩一点，这未必就一定构成对"自由"的侵犯，假如对自由这个术语作恰当理解的话。真的自由并不意味着完全由着自己的性子来，它应当与节制和引导是并行不悖、相互兼容的。

现代婚姻便反映了道德氛围缺失所带来的问题。我们开始时怀有最为美好的初衷，也得到了最大限度的群体支持，全部的眼睛都看着我们，家人、朋友及国家雇员似乎都与我们的共同幸福和良好行为休戚与共。但很快，我们发现只剩下自己来独自处理贺喜礼品以及双方不合的性格，而且，因为都是意志薄弱的家伙，我们刚刚才一片至诚投身其中的契约便开始出现裂痕。令人陶醉的浪漫期盼不过是易碎的材料，不足以打造婚姻关系，于是，我们彼此间不再顾及对方，甚至虚情假意起来。各自的粗俗无礼使得双方都会大吃一惊，直变得满口谎言、满腹怨恨。

我们会全力说服周末到访的朋友们多待上一会儿，他们的问候和敬意让人想起周围世界曾经对我们寄予的厚望。可是在心灵深处，我们知道自己如此承受痛苦，是因为没有人在那里好言相劝让我们调整言行并且真下点功夫。宗教理解到这一点，它们知道若要延续良好的品行，拥有一批观众将会有所帮助。因此，在即将步入婚姻殿堂的典礼上，不同宗教都为我们提供了一批观众，也因此，还把监督警戒的责任赋予了各路神灵。不管乍一看此等监督警戒的想法可能是多么的乖戾不祥，但事实上，感觉有人一直在观察着并且期望着我们做得最好，这样生活着还是平添了安慰和鼓励。当觉得个人的行为不只是关乎自己时，会让人心生快意，也会让言行良善这一非同小可的事情做起来稍微容易一点。

6

自由主义者可能也会承认，理论上讲我们可以从他人的指导中获得益处，但他们还是会抱怨说，谁也不可能来提供这种指导。道理很简单，人们心中再也不清楚什么是好什么是坏了，而我们之所以不知好坏，则正如一句诱人堕落的夸张警句所言，是因为"上帝已死"。

现代道德建设很大程度上已被"上帝已死"给予了当头一棒，因为人们以为，信仰崩塌必定无可挽回地损害了大家的能力，使我们难以建立一个令人信服的道德伦理框架。然而，这个论点是有问题的。虽然该论点表面看来是个无神论的主张，但它实际上还是奇怪地、莫名其妙地寄托在宗教的思维框框内。理由是，只有当我们某种程度上相信上帝曾经存在过，并因此相信道德的基础本质上是超自然的，对上帝如今已不存在这一认知才有力量来动摇我们的道德准则。

反过来，如果我们从一开始就假定上帝原本就是我们自己树立起来的，那么上述论点立马便分崩离析，变成一种同义反复的废话。因为，如果我们原本就知道，归结到超自然神灵头上的许多规范其实只是不折不扣的人类祖先自己的作品，那我们还有必要因为信仰崩塌而自寻烦恼吗？

看来已很清楚，宗教伦理的起源在于初民社会的实用主义需要，即需要控制其社会成员的暴力倾向，需要在他们中间确立起反向的和谐与宽恕习惯。所以，宗教准则开始时是一些告诫性的规矩，后来才被送上了天际，再带着脱离原样的威严面目返回人间。关于同情恻隐和忍耐克己的训令脱胎于一种意识，即同情和忍耐这样的特质可以让社会免于四分五裂和自我毁灭。这些规矩对于人类的持续生存太过重要了，以致数千年中我们都不敢承认是人类自己制订了这些规矩，唯恐这样的承认会使得这些规矩被人们吹毛求疵甚至粗暴处置。我们不得不假装道德来自茫茫上苍，目的就是要把道德与我们凡人的推诿和虚弱隔离开来。

但如果我们现在能够承认自己的伦理法则有过这样一个精神

化的过程，那我们就没有理由去废除这些法则本身。即使不再相信有个上帝插手着要我们怀有同情并且秉持正义，我们也继续需要同情和正义这方面的告诫。我们不再需要依靠下地狱的威胁或者上天堂的诱惑来让自己循规蹈矩，只须提醒自己，我们曾经想象超自然神灵要求我们过的那种日子实际上正是我们自己想要过的日子。当然，这里的"我们"是指我等身上最成熟、最理性的部分，在我们危机四伏、执迷不悟时，往往很难找到这些部分的影子。道德从迷信到理性的充分演化昭告世人，我们自己才是道德戒律的真正制定者。

7

诚然，我们接受他人指导的意愿程度尚且有赖于提供指导者的腔调。宗教是有一些令人不快的特点，其中之一就是神职人员跟人说话时，总摆出一副他们（而且只有他们）拥有成熟心智和道德权威的架势。可是，基督教最动人、最迷人的一点是，它不承认那种"孩子与成人二元对立论"，而是承认我们归根结底都很幼稚、不全面、有待完善、容易受诱惑，甚至作恶多端。假如有关善与恶的教训是由深刻了解这两类故事的人说出来，我们便更愿意吸取善恶的教训。故此，"原罪"的理念拥有经久不息的吸引力和实用性。

犹太—基督教传统时断时续地领悟到，可能阻止我们改造自

无神论者 写给

Religion for Atheists

071.

我们不得不发明某些方法,恐吓自己去做那些内心深处早已知道该做的事情。《地狱中的折磨》,法国彩饰图稿,约 1454 年。

三　和善

072.

身的障碍是一种孤独、负疚的感受，即认为我们已经坏到了超乎常情、无可救药的地步。因此，这些宗教颇为沉着冷静地宣告，我们大家无一例外都是缺陷十分严重的创造物。"我是在罪孽里生的，在我母亲怀胎的时候就有了罪。"（《诗篇》51），这一启示反复回荡在《旧约》中，在《新约》中也有回应："这就如罪是从一人入了世界，死又是从罪来的；于是死就临到众人，因为众人都犯了罪。"（《罗马书》5：12）

然而，对此等阴暗的认识并不是最终的落脚点，而现代悲观主义则经常假定必定如此。我们在诱惑之下，是会欺骗、偷盗、侮辱他人、自私自利、漠视他人、不忠不信，如此这般，都可以毫不惊讶地加以接受。问题不在于是否我们会经历这些骇人听闻的诱惑，而是我们是否可以偶尔地超越这些诱惑。

原罪论让我们理解到自己所鄙视的自身缺陷实乃人类这一物种不可避免的特征，由此鼓励我们一点一滴地寻求道德的完善，我们因此可以在朗朗乾坤之下坦承缺陷并且努力改邪归正。原罪论清楚，羞耻并不是一种压在我们心头的有益情绪，我们正需要不断精进以图日渐减少需要为之羞耻的东西。启蒙思想家们相信，当他们宣布人之初性本善时，他们帮了我们一个忙。然而，翻来覆去地重申我们天生纯洁，却会造成我们身心崩溃，因为我们会对自己无法达到高不可攀的完善水平而生发出无穷的自责和悔恨。结果是，坦承普天下人都有罪反而是个更好的起点，可从此迈出走向美德的碎小步子。

强调原罪还可进一步解释他人的疑惑，因为在一个民主的时代，人们不免怀疑谁有权来提供道德指南。对于那个怒气冲冲的问题："你算老几来告诉我该怎么做？"信教者只需要以一个令人消气的答复来回应："一个同样的罪人。"我们都从同一个祖先即堕落的亚当那里繁衍下来，故此都同样受困于内心的焦虑、罪孽的诱惑、对爱的渴求，以及偶尔对纯洁的追求。

8

我们永远不会发现关于良好行为的铁打准则，也不要期望这样的准则可以解答一切问题，告诉人类如何平安融洽地共同生活在一起。然而，缺乏关于良好生活的绝对共识本身不应该阻止我们去探讨并弘扬有关良好生活的思想观念。

鉴于天下人都难免形形色色的愚蠢和私愤，为了指导我们的行为，要开列的善恶荣辱单子理当十分具体。但即便如此，作为当务之急的道德训导却必须着眼于总体的问题。

从犹太—基督教关于良好行为的观念中，或许可以大胆地吸取一个总体原则，即我们最好集中关注那些相对轻微的、不惹人注目的不良言行。骄傲，表面看来不过是毫不起眼的心理态度而已，可是在基督教看来却很值得注意，这如同犹太教给已婚夫妻提出性交频率的建议，并不觉得是在小题大做。

不妨对比一下，现代国家出台禁令并介入我们的生活是多么的迟缓和生硬,它干预的时刻是在我们已经拿起了枪、偷了钱、对孩子撒了谎,乃至把配偶推出了窗户之后,早已为时太晚。现代国家并不研究见微知著、防微杜渐的问题,而犹太—基督教伦理的成就却在于不仅仅把人类十恶不赦、显而易见的罪行包括在训诫范围之内。其训诫还涉及一系列起于青萍之末、扰乱日常生活,终会酿成滔天罪行的那些粗暴和残忍行为,它知道粗野无礼和感情羞辱可能跟抢劫和谋杀一样,同样会腐蚀一个健全运行的社会。

"十诫"作为较早的尝试,旨在约束人们对其同类的侵害。在《塔木德》的敕令和中世纪基督教的善恶罗列中,我们可以见到一种关注,即关注那些涉及细枝末节,却又同样暗流涌动、随时会爆炸开来的不良言行。向人宣告杀人越货是恶行,那再容易不过,而就鄙薄言辞或者性爱冷漠之后果向人提出警告,这可以说更是富有道德想象力的壮举。

（二）道德氛围

1

基督教从来就不介意营造一种道德氛围，让人们可以互相指出缺点并且承认自身行为还有可待完善之处。

基督教并不觉得成人与儿童有何特殊区别，所以，它从不避讳向追随者提供大量类似"乖孩子星星图"的东西，用以指明积极向上的奋斗方向。这些激励中，有一个例子可谓至善至美，见于意大利的帕多瓦，在史格罗维尼礼拜堂砖砌的拱顶天花板下。

14世纪初，佛罗伦萨艺术家乔托接受委派，拟用一系列壁画来装饰教堂的墙壁。按要求，十四个壁龛中，每个都要有一幅画，借用寓言的方式来分别表达一种恶或一种善。在教堂右侧最靠近中殿的地方，乔托刻画了所谓基本美德：审慎、坚韧、节制、正义，随后是基督教的美德：忠信、慈善、希望。在其正对面，则刻画了对应的一组恶行：愚蠢、易变、愤怒、无道、不忠、嫉妒、绝望。画家为这些抽象题义中的每一个都配上了生动的图例，借以唤起观者的赞叹思齐之情并激发其负罪愧疚之意。例如，"愤怒"被表现为正在撕扯自己的衣服，仰天咆哮、愤愤不平而又无

愤怒	易变	嫉妒
节制	坚韧	慈善

乔托,《善与恶》,史格罗维尼礼拜堂,帕多瓦,约 1304 年。

地自容；而隔一个壁龛中，"不忠"则歪斜着眼睛，显露出欺诈的神情。教堂内的教友们会坐在座位上，思索一下自己到底怀有哪些美德，同时又不幸染上了哪些恶行，而上帝则从茫茫天际俯视众生，手里拿着准备奖励的"星星"。

乔托的这种"星星图"不过是宗教传统的一部分，该传统乐意具体建议人们应当如何恰当地言行，也乐意帮助人们分辨它直白指称的"善"与"恶"。有关善恶美丑的刻画可谓无处不在，在《圣经》的背面，在祷告书中，在教堂和公共建筑的墙壁上触目皆是。凡此种种，教化的意图一目了然：旨在提供一个指南，好让信众沿着高尚荣光的方向驾驭自己的人生。

2

基督教传统一心营造道德氛围，与此适成对照的是，自由主义理论家们则强调，公共空间应当保持中立。他们认为，建筑物的墙壁或者书籍的书页上不该有劝人向善的提醒，毕竟此类信息会严重侵犯被奉为圭臬的"自由"。

然而，道理已经明白，有鉴于人类情不自禁和任性无常的秉性，对自由的此等呵护未必真能满足我们内心最深切的期待。如今也必须承认，无论如何，我们的公共空间远不是没有倾向性的。随便扫视任何一条大街便可发现，到处充满了商业的信息，即使在那些理论上任人自由选择的社会里，我们的头脑也受到分分秒秒的操纵,在被带往自己都难以捉摸的地方去。某些广告代理机构有时候会半自嘲半自警地假意谦虚一番,说广告并非真能管用。这种论点认为,我们终究是成年人,不会眼睛一落到图片精美的广告牌或货品单上,脑子立马就丧失理性判断能力。据认为,儿童的决断力要差一些,故此需要在晚上八点前保护其不受电视上某些信息的影响,以免他们对某种特定的玩具火车或者碳酸饮料产生狂热的渴求心理。据称,成年人显然拥有足够的理智和自控力,不会单纯因为日夜不停从四面八方滚滚而来的美轮美奂的信息而改变个人的价值观念或消费习惯。

可是,对于儿童与成人作出的这种区别实乃居心叵测,不过是为了方便商业利益而已。事实上,在广告那种海上女妖般的诱惑面前,我们原有的信念都会摇摇欲坠,我们的意志都难免薄弱乏力。当一个毫无自控力的三岁儿童看到一套农家玩具,里面还有一个充气狗窝时,一定会喜不自禁无比着迷,同理,一个四十二岁的成人在面对一套烤肉用具外加夹子和铁板时,也照样会心驰神往想入非非。

3

无神论者往往会怜悯宗教社会里的民众,哀叹其不得不忍受大量的说教劝导,但是,这样做却忽视了世俗社会中同样强大无比、不曾停歇的种种广告攻势。一个真正名实相符的自由主义国

无神论者写给

Religion for Atheists

079.

我们不只需要渲染零食美味的广告。

080.

家真应该重新平衡一下向公民发出的信息,应当摆脱一边倒的商业气息,形成一种全方位、多元化的信息格局。正如乔托的壁画所追求的那样,这些丰富的新信息将向我们生动地展现诸多高尚的行为方式,目前我们即使强烈地崇尚此类行为方式,却又如此漫不经心地对之不理不睬。

这个社会中,一边只有一本销量有限、反响不大,由一个所谓哲学家写的散文册子,在那里偶尔地提醒人们,要大家相信高尚的价值观念如何如何地重要;另一边在整个城市里,全球广告公司的超级精英们却施展着声光电的百变魔术,把我们身上每一根感觉神经都充分调动起来,兜售着一种新的洗涤用品或者美味零食。就凭这副样子,我们怎么可能去长时间地关注高尚的价值观念呢?

如果我们一门心思都是柠檬味地板抛光剂或者黑椒脆炸片,不大去考虑坚韧和正义,毛病应该不仅仅出在我们自己身上。外在的原因是,坚韧和正义这两种基本的美德一般无法成为广告公司的付费客户。

（三）行为楷模

1

基督教一方面重视在公共空间发布的信息，另一方面也明智地认识到，我们的善恶观念很大程度上是由生活中的周边同伴所塑造。它清楚，人太容易甚至很危险地受到本人生活圈子的影响，随时会内化并模仿他人的态度和行为。与此同时，基督教也承认，我们的特定社交圈子基本上是多种无序力量的一种组合结果，包括了从我们童年、求学、社区、工作各方面筛选出的各色人等。在我们固定打交道的数百人中，品行端正超乎想象、心智健全赐人力量、思想不凡启人向上的出类拔萃之辈可能不会太多。

2

优秀楷模的贫乏可以解释，为何天主教向其信众树立了两千五百来位它认为曾经生活过的最崇高伟大、最善良有德的人物。这些圣人以其各不相同的方式体现了我们应该期望在自己身上加以培养的特质。例如，圣约瑟会教授我们如何以谦逊坚忍的性情，

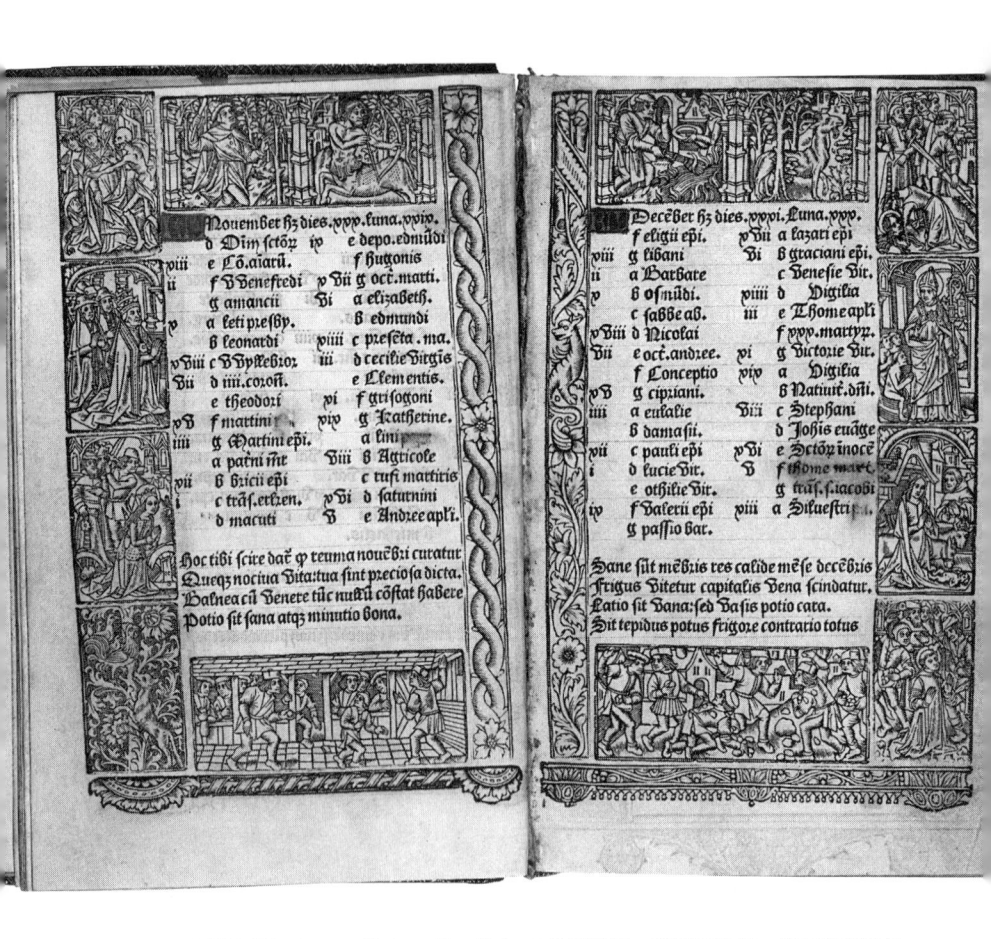

三　和善　　　　　　　　　　　　　　　　　　Alain de Botton

082.

纪念朋友的机会：11月和12月，录自16世纪英国一部圣咏诗集，其中列有诸多圣人的忌日，包括圣休、圣凯瑟琳、圣狄奥多尔、圣埃德蒙、圣克雷芒、圣芭芭拉、圣露西和圣奥斯蒙德。

平静地应对年轻家庭的压力并面对工作场所的考验。另有些时候我们可能想要休息片刻，在圣裘德的陪伴下失控泣诉一番，这位事业失意者的守护神会以其温柔的举止带给我们安慰，让你不必立竿见影地寻找解决方案甚至暂且不必去争取什么希望。遇到焦虑的时候，我们可以转向圣菲利普·内里，他绝不会漠视我们的问题，也不会羞辱我们，但知道如何连哄带劝，让我们意识到现实的荒谬，从而为本人处境破涕一笑并恢复常态。此外，猜想一下不急不躁的圣菲利普会如何处置家庭团聚中的烦心事或者硬盘驱动器故障，我们可能尤其会得到不少情绪的抚慰。

为进一步强化我们与各路守护圣人之间原本虚构的联系，天主教提供了标有各位圣人忌日的月历牌，这样，我们可以定期从现有社交圈子退出来，认真思考一下那些不凡人物的行迹，包括倾囊散尽全部家财、浪迹天下专做善事、粗衣裹身禁绝私欲的至人（如圣方济[1]），还有利用自己对上帝的虔诚信仰、奇迹般地把割下的耳朵装回苦难者头上的神人（如圣库思伯特[2]）。

1　St Francis，1181 年或 1182 年出生于斯波莱托公国阿西西，天主教方济会和方济女修会的创始人，13 世纪初教会改革运动的领导人，他放弃财产和家庭，到阿西西城外过清贫生活，进行隐修。——编者

2　St Cuthbert，634 年或 635 年出生于英格兰诺森伯里亚，原是牧人，见异象后入梅尔罗斯隐修院，后任该院修道长。——编者

三　和善　　　　　　　　　　　　　　　　Alain de Botton

084.

下一步他会怎么做？这里有售各种式样的阿西西的圣方济。

3

除此之外，天主教还领悟到，在自己家里看到以缩小的三维形式展示的理想朋友，这也会有所裨益。说起来，我们多数人孩提时代最早就是与狗熊等动物玩具建立联系的，我们会跟它们说话，心中还想着它们也在跟自己搭话。这些动物玩具尽管无声无息，但善于向我们传达其安抚情绪、启发心智的个性特点。我们会在悲伤时跟它们说话，当夜深人静扫视卧室看到它们在为我们淡然守夜时，会有一丝宽慰掠过心头。天主教认为没有理由放弃此类联系所包含的互动交流，所以它请我们购买木头、石材、树脂或塑料的各种圣像，将其放置到房间和过道的架子上或壁龛里。每当家事纷扰之时，我们可以望着塑像扪心自问，面对眼前气急败坏的妻子和歇斯底里的孩子，阿西西的圣方济会建议我们说些什么呢。答案也许一直就在我们头脑中，但只有当我们正儿八经地向圣像认真提问时，该答案才往往会浮上心头或者变得有效起来。

4

一个运作良好的世俗社会也会同样慎重地思考自己的行为楷模，它并非只向我们推出影星和歌星。缺失宗教信仰绝不等于不再继续需要勇气、友谊、忠贞、耐心、信任、怀疑等品格的"守护神"。当我们把内心空间留给那些比自己更明达、更勇敢、更博大之人物的音容笑貌时,不管是林肯还是惠特曼,丘吉尔还是司汤达,沃伦·巴菲特还是保罗·史密斯,我们依然可以从中获益,并且可望通过他们,与自己内心最庄严的可能性重续联系。

5

宗教的道德观表明,过于强烈地反对他人把自己当孩子看待,这终究是不成熟的标志。自由主义者在执迷于自由时却未能看到,我们自小就需要他人的约束和引导,这种需要很大程度上延续了下来,因此,我们实可从家长主义安排中获得诸多启示。将人视为足够成熟,乃至可以放任自流、为所欲为,这本身就缺乏善意,最终恐怕也不会给人自由。

无神论者写给

Religion for Atheists

087.

纵然是最伟大的无神论者也可从行为楷模中获得教益。下：西格蒙德·弗洛伊德在伦敦的书桌，上面摆满了亚述、埃及、中国、罗马的圣像。上：或者有人更喜欢弗吉尼亚·伍尔夫。

四 教育

约翰·斯图尔特·密尔:"大学的目标不是要培养技能娴熟的律师、医生或者工程师,而是要打造有能力、有修养的人。"

（一）接受何种教育

1

伦敦北部一条繁忙的大街。在间或开有塞浦路斯面包房、牙买加理发店和孟加拉外卖铺的住宅区里，坐落着英国最新一所大学的校园。校园显眼处有座十二层高、不对称的钢架塔楼，楼中除了一条条漆成亮紫色和橙黄色的走廊外，就是人文系的讲课堂和讨论室。

整个大学里，总共注册了二十万名学生，他们在攻读四百种课程各异的学位。人文系几个月前才由教育大臣和女王的一位表亲剪彩开张，为纪念这次开张仪式，在离厕所不远的墙壁里，现在还镶嵌着一块刻有文字的花岗石。

这块石板借用马修·阿诺德对文化的著名定义，刻着"'举世说得最好、想得最深'的家园"。这句引语一定引起了这所大学的共鸣，因为它另见于本科生入学手册以及地下咖啡厅饮料机旁的壁画中。

很少有东西像教育这样深得世俗社会的青睐。自打启蒙运动以来，教育（从小学一直到大学）便被描述为一种最有效的手段，

092.

可以治愈众多最严重的社会弊病，也可以借此打造一个文明、繁荣、理性的公民群体。

观察这所新大学开设的学位课程可发现，一半以上的课程旨在让本科生获得实际的技能，即工商和技术社会中职场成功所需要的那些技能。它们涉及化学、商务、微生物、法律、营销、公共健康等各科课程。

然而，人们对教育怀有更宏大的期望，在招生手册中可以读到，在毕业典礼上也可听到此类宏愿。根据这些抱负，高等院校并非单纯培养技术专家和工商人士的车间，它们据说还有更高的目标要实现，那就是要把我们改造成为更优秀、更聪明、更幸福的人类。

正如约翰·斯图尔特·密尔（维多利亚时代又一位教育使命的辩护者）所言："大学的目标不是要培养技能娴熟的律师、医生或者工程师，而是要打造有能力、有修养的人。"换言之，再回到马修·阿诺德那里，恰当的文化教育应当在我们身上唤起"对邻居之关爱，对扫除人类混乱以及减轻人类苦难的热望"。阿诺德还补充道，按其最宏大的追求而言，教育的成果绝不应当低于某种"高远的志向，要令世界在我们离开时比我们到来时更加美好、更加幸福"。

2

在此等雄心勃勃乃至牛气烘烘的宏愿后面，有种一以贯之的东西在，那就是澎湃之激情以及思维之模糊。很少有人清晰地表述过，教育究竟如何让学生"走近博爱和真理，远离罪恶和谬误"。人们能做的不过就是因为这一口号广为传诵并且辞义兼美，被动地赞同这一激励人心的理念，此外往往很难再有其他作为。

然而，有必要把这些高调言辞放到实地的现实中加以考察，如此要求谅必不算刻薄。从伦敦北部那所现代大学人文系一个普通的星期一下午，可以窥见某些实情。

选择这个科系并非纯属偶然，毕竟关于教育能够改造人类处境的赞美之辞都与人文学科而不是与内分泌学或生物统计学相关联。人们以为对哲学、历史、艺术、典籍、语言和文学的学习，可以产生教育体验中最为复杂微妙及修身养性的效果。

在七楼拐角处的教室里，一组二年级历史课学生正在听讲有关18世纪法国农业改革的讲座。讲课教授已对该专题作了二十年的研究，他的论点是，1742—1798年间农业产量不断减少的原因与农作物歉收关系不大，更与农用土地相对较低的价格有关，低廉的地价使得地主将自己的钱财投向了贸易而非农业。

在下一层楼古典文献课上，十五个学生正在比较罗马诗人贺拉斯与佩特罗尼乌斯著作中自然意象的使用情况。讲课教授指出，贺拉斯把自然视为混乱无序、衰朽破败，而佩特罗尼乌斯虽然在许多方面都持更悲观的态度，却因为完全对立的特征而敬重自然。或许由于通风系统出了故障加之窗户又被关死，教室的气氛有点缺乏生气，似乎很少有学生能够如教授所愿跟上他的论点。须知，

四　教育

094.

二十年前，当教授在牛津大学以论文《欧里庇得斯〈伊翁〉中元叙述的格调》而被授予博士学位时，他就可能已经怀揣着得天下英才而教之的期待。

大学师生们对教学内容的投入无疑是认真并感人的，问题是很难看出他们的课程内容及考试题目的导向到底与阿诺德和密尔的理想有什么显著联系。不管招生手册讲得多么的天花乱坠，现代大学似乎很少有兴趣向学生传授情感方面或者伦理方面的生活技能，更不会教他们如何去关爱邻居，如何令世界在自己离开时比到来时更加幸福。

例如，获得哲学学士学位的资格要求仅限于熟悉形而上学的中心议题（实体、个体化、共相），并完成一篇有关奎因、弗雷格或普特南之意向性概念的毕业论文。英国文学专业同等级的学位则颁给那些学生，只要他们从意象和诠释的角度顺利地理解《荒原》，并且梳理清楚塞内加的戏剧理论对詹姆斯一世时期戏剧发展的影响。

毕业典礼上的演说按照一般套路总是把文科教育理解为获取聪明才智和自知之明，可是这样的目标却很少落实到各科教学和考试的日常做法中。如果按照实际所为而非信口开河来衡量，则大学所培养的大多数人只是视野狭隘的专才，如律师、医生、工程师，另外少数人文学科毕业生固然在文化上知识丰富，但在伦理上却是非模糊，终日惶惶于如何穷其余生变知识为稻粱。

以上所言等于在指控目前的高等教育体制存在一种双重的、

无神论者写给 | Religion for Atheists

095.

可能也是矛盾的使命：既要教我们如何谋生，又想教我们如何生活。而大家早已让这两个中的第二个目标变得模糊不堪、乏人问津。

3

谁在乎呢？凭什么我们要在一本说起来是关于宗教的书中来为大学教育的缺陷忧心忡忡呢？

一旦我们考察宗教经文教学的衰落与文化教学的兴起二者之间此消彼长的关系，上述问题的理由便变得清晰起来。当宗教信仰19世纪初在欧洲开始出现裂痕时，极度痛苦的人们发问，没有了基督教的框架，民众将如何设法找到意义、理解自我、有德地行为、宽恕其同类、直面自身的死亡？一帮有影响力的人士给出答案，说从此往后可以研读文化典籍，借以取代圣典文本，换言之，文化可以替代经文。

当时的希望是，就其指导人生、弘扬人道、抚慰心灵的能力而言，文化的效力应当不会低于宗教（按当时理解指的是基督教）。历史、绘画、哲学思想、文学故事都可加以挖掘借以提供有关训导，而这些训导在伦理指导性和情感影响力方面应与《圣经》所传授的训导相去不远，民众应该能够获得脱离了迷信包袱的意义。马可·奥勒留的箴言、薄伽丘的诗篇、瓦格纳的歌剧、特纳的绘画都可成为世俗社会的新圣物。

无神论者 写给

Religion for Atheists

097.

人生之道并未列入课程体系。毕业典礼，牛津大学。

以这些观念为基础，先前从未被纳入正规教育的诸多科目开始进入欧洲和美国的大学课程体系。原来人们不屑一顾的文学至多只是年轻女子和康复病人的消遣对象，到了19世纪下半叶，在西方大学里，它俨然已成一门值得分析的严肃学问。小说和诗歌之所以获得前所未有的声誉，是因为有人以为，这些文艺作品很像《福音书》，能够于感情激越的叙事中传达所蕴含的复杂道德启示，也因此可以触发潜移默化的心灵呼应和自我反省。乔治·戈登作为墨顿文学教授，在其1922年牛津大学首场讲座中强调了天将降临之大任："英国病了……英国文学必须出面拯救。如我所见，教会已经失败，而社会的救治总是起效缓慢。故此，英国文学现在肩负三重使命：我觉得仍然还有娱乐功能，还有教诲功能，但另外尤为重要的是，应当疗救我们的心灵并且治愈这个国家。"

4

这是在声称文化可以取代经文，比如，《米德尔马契》可以接过原先由赞美诗所履行的责任，叔本华的随笔可以满足原本由圣奥古斯丁的《上帝之城》所满足的需求。此番主张把打破神像与志存高远杂糅到一起，仍不免给人异乎寻常或者荒唐可笑之感。

不过，上述主张与其说它荒诞，莫如说它外行。宗教在经文圣典中找到的那些特质的确经常可以在文化作品中发现，长篇小说和历史记述十分擅长给予道德指南和精神教化，伟大的绘画作品确实启示着我们如何追求幸福，哲学能够实用地化解我们的焦虑并且提供慰藉，文学也能够改变我们的生活。与宗教中伦理训导相等同的东西确实散见于文化典籍。

既然如此，为什么文化取代宗教的观念在我们听来却还是如此怪诞呢？为什么就不能照着文学艺术中的训导去生活，正如信仰者照着宗教的训导去生活呢？为什么无神论者就不能像信教者对待其经文圣典那样，带着同样的自发性和严格度去开发利用其文化呢？

如此设问又把我们带回到大学的影响力这个问题上，毕竟大学是现代世界里文化的首要捍卫者和生产者。阿诺德和密尔这些放弃或者怀疑基督教信仰的人曾经怀有热切的、非宗教的宏大志向，而今日大学用以传播文化的方法与此等宏大志向根本就格格不入。大学在传输关于文化的事实性信息方面倒是积累了无与伦比的技能，但它们完全无意训练学生去把文化当作智慧的宝库。这里所谓"智慧"是指某种知识不仅是真实可靠的，而且也是内在有益的，可以在我们面对生存的无穷挑战时给我们带来宽慰，不管挑战是来自专横跋扈的老板还是本人肝脏严重的机能障碍。

我们绝不缺乏可用来取代宗教圣典的文化材料，只是我们在用错误的方法对待这份材料。我们不愿意以足够宗教的方式来看待世俗文化，换句话说，我们不愿意将其视为人生指南之源泉。许多无神论者如此强烈地反对宗教信仰的内容，乃至他们未能领

四　教育　　　　　　　　　　　　　　Alain de Botton

100.

修读中世纪文学的一名学生，牛津大学。

会其大有启发性的，至今不失有效性的总体目标，即要为我们提供关于如何生活的系统劝导。

5

就教育而言，世俗方法与宗教方法的差异归根结底就是一个问题：学习该是为了什么？

这个问题往往会让世俗机构中负责文化教学的人员苦恼不已。经常有人问，究竟为什么要费力去学习历史或文学？而教学负责人总觉得此类问话不着边际、纯粹是在抬杠，经常也不予作答。人文领域的学者们意识到，理工科系的同事们可以毫不费力地为自己的工作辩护，可以向不耐烦的政府官员和助学捐款人宣讲一下自己工作的实际功利。（当然，实际上也不大可能有人真的会无聊发问，火箭科学或者公共卫生目的何在。）然而，因为担忧自己不能跟这些对手展开有效的竞争，人文领域的学者们就只好在闪烁其词和默不作答中求得庇护，心中则已细细地算计过，料想这个领域还保留有一定的声望，本人对自身存在的理由云里雾里一番应该还可以蒙混过关。

如果碰到有人对文化提出要求，说文化应当贴近现实、应当发挥实际用处，或者说文化应当告诉人们如何选择职业生涯、如何挺过离婚岁月、如何克制性欲冲动、如何承受医生发出的"死刑判决"，等等，文化的守护者们便会变得浑身不屑、充满鄙夷。

102.

他们的理想听众是那些情绪不会大起大落、视野超越一己小我的学生。这些学生成熟、独立,在气质上能够背着问题生活、而不必事事都求得答案,况且,他们也准备暂且抛开个人需求,花几年时间潜心研究18世纪诺曼底的农业收成或者康德本体王国中无穷之存在。

6

与此同时,基督教则从另一个角度来看待教育的目的,因为它对人性有一个完全不同的概念。基督教不能容忍所谓人是独立的或成熟的这类理论,相反它相信,我们本质上是绝望、脆弱、易受伤、有原罪的动物,虽然拥有知识,却明显缺乏智慧,总是处在焦虑的边缘,备受人际关系的折磨,对死亡的降临深感恐惧,而最主要是的确需要上帝。

什么样的教育才可能有益于这些希望渺茫的可怜虫呢?基督教当然也没有认为抽象思维能力有什么不光彩,事实上它甚至觉得该能力还可能是一种天赐恩宠的表现,但是,比起更加务实的能力,抽象思维能力终究只居于次要的位置。基督教更看重的是,我们要有务实的能力,能给自己带去足以抚慰心灵、教化人性的理念,以图改变心智混乱、摇摆不定的自我秉性。

我们相当熟知世俗大学里所教授的主要人文学科,如历史、人类学、文学、哲学;也颇为了解这些学科出的那些考试题目,如谁是加洛林王朝的帝王，现象学源自何处，爱默生追求什么？我们也知道如此的教学体制任由受教育者的情感世界自生自灭，或者最多只让它在私底下发展，比如说当我们与家人在一起时或当我们独自在乡间散步时。

相比之下，基督教从一开始就关心我们迷茫的内心世界，它公开宣布，对于如何去生活这一问题，我们谁也不可能生而知之。我们天生就脆弱易折、喜怒无常、缺乏同情体谅之心、深陷无所不能的幻想之中。世俗的教育假定我们能够拥有一定的良知和宁静，并以此作为其教学理论的出发点，可实际上，我们的天性与这种假定的状态又何止远隔万里？

基督教聚焦于帮助我们身上的某一特定部分，而世俗语言哪怕仅仅指称这部分东西都很费力气。这一部分准确地说不是智能或情感，也不是品质或个性，而是另一种甚至更为抽象的存在，它与上述各项都有松散的联系，却又由于增加了伦理和超验的维度而与其迥然有别。这种东西我们按照基督教的术语也可称之为灵魂。基督教教学体系的核心任务就是要培养、安慰、呵护、引导我们的灵魂。

基督教终其全部历史都一直沉浸在有关灵魂本质的冗长辩论中，它不断地探讨：灵魂可能是副什么模样，它可能安放在哪个位置，如何可能最好地教化它？就其源起而言，神学家们认为灵魂类似于一个微型的小生命，当婴儿出生时，上帝把这样的小生命注入到了新生儿的嘴巴里。

我们必须调教好身体内的那个孩子。接纳一个灵魂：15世纪初《圣经》中的彩饰图。

在个体生命的另一端，即死亡的时刻，这个灵魂小生命便又通过人的嘴巴被逐出身体。灵魂此时行将走过的线路较为模糊不清，它或者被上帝收回，或者被魔鬼抓走，具体如何取决于这么多年里它所寄居的主人是否很好或者很差地照料了它。一个好的灵魂好就好在为宏大的问题和生存中的矛盾努力寻找恰当的答案，这种灵魂展示出忠信、希望、慈善、博爱之类神圣的美德。

我们的灵魂究竟需要什么，在这一问题上大家也许并不同意基督教的看法，但我们实在难以放弃其富于启发性的深层命题。该命题是，在我们自身内部，有一个宝贵的、孩子般的、敏感且易受伤的内核，在其陪伴终生的曲折旅程中，我等应当为其提供养料并且悉心供养它。在世俗王国里，这一命题看来与在宗教王国中一样切合我们的实际需要。

按照其自己的标准，基督教因此别无选择，只能将教育的侧重点转向直截了当的问题：我们如何才能设法共同生活在一起？我们应当如何宽容他人的缺点？我们如何能够接受自身的不足并且平息自己的愤怒？一定程度的急切道德说教是一种需要而非一种侮辱。基督教教育与世俗教育之间的区别特别明显地体现于各自典型的教授方式：世俗教育作讲课，而基督教作布道。就其意图而言，我们可以说一方涉及传递信息，另一方则涉及改变我们的生活。布道就其本质而论，假定其听众在某些要紧的方面正处于迷失状态。英国18世纪最著名的布道者之一约翰·卫斯理所作的布道有："论和善待人"，"论听从父母"，"论探望病人"，"论

四　教育　　　　　　　　　　　　　　　　　　　　Alain de Botton

106.

15 世纪《祈祷时辰册》里的彩饰图,可见灵魂刚从死人体内逸出,魔鬼和圣米迦勒正在争抢。

谨防偏执"。单从这些布道名称便可看出，基督教致力于就灵魂日常遭遇的大量挑战向人提供务实的忠告。且不论卫斯理的布道是否可以靠其内容而吸引无神论者，但它们如同其他基督教文本一样，成功地把知识归类到了有用的题目之下。

当然，阿诺德、密尔等人最初希望，大学能够进行世俗布道，以告诉大家如何避免偏执，如何在探望病人时说些得体有益的话。可是，这些学术殿堂从来就没有提供各教会倾心奉献的那种人生训导，原因是它们相信，学者不应该把文化作品与个人悲苦联系起来。按照大学的规矩，如果发问，关于爱情，《德伯家的苔丝》可以教给我们什么有用的东西；或者如果提示，读亨利·詹姆斯的小说时不妨关心一下，该作品对我们在这个尔虞我诈的工商世界里如何保持诚实是否有所借鉴——这样发问简直就是惊世骇俗、有辱斯文之举。

然而，寻找借鉴意义恰恰是基督教对待经典文本的要旨所在。卫斯理本身就是一位现代大学也会向其脱帽致敬的饱学之士，他对于《利未记》《马太福音》《哥林多书》《路加福音》的文本谙熟无比，但是，他从中援引诗文纯粹是为了将其融入某个借古喻今的段子，是为了纾缓听讲者的苦难。如同基督教的全体布道者一样，他向文化求索，主要是把它当作一个工具，所以凡用到《圣经》篇章，都是为了寻找其中能够加以示范和弘扬的一般行为准则。

在世俗领域，我们读的书可能也还是挺对路的，可是太多的

四　教育

Alain de Botton

108.

传授智慧而非知识：约翰·卫斯理在约克作户外布道，1746年。

时候我们没有向书本提出直接的问题，不愿意像新派宗教那样发出贴近俗世生活的诉求，因为我们羞于承认自己内心的真正需求。我们对于虚玄模糊的东西执迷不悟，对于现代主义学说宣称伟大的艺术既不应该包含道德内涵也不应该试图改变受众，大家也听之任之、毫无批评之心。我们之所以如此抵制借古喻今这套方法，是因为对实用主义、道德说教、浅显易懂怀有莫名其妙的厌恶，也因为跟着他人想当然，以为凡是孩子都能够理解的东西本质上必定幼稚浅薄。

但是，基督教却认为，我们身心中的关键部分还是保留了最初孩提时代的要素结构，哪怕我们外表上已经长大成人。因此，我们形同孩子，也需要得到支持。给我们灌输知识也必须放慢速度、倍加小心，就好像需要把食物切成方便咀嚼的小块一样。一天超过几堂课就会让我们备感疲惫，所以，讲讲《圣经·旧约·申命记》中十二行诗文可能就足够了，同时再需要加一些辅助性的注解，这些注解用平白的语言提醒我们哪些地方值得注意、哪些地方值得回味。

有些教育方法，比如，强调把抽象理念与实际生活联系起来，重视清晰明白地解释经典文本，喜欢突出重点而不是面面俱到，等等，世俗学者都百般避讳。但这些方法始终为各路宗教所沿用。在电视机发明之前的漫长岁月里，宗教需要苦苦抗争，把自己的想法变得生动有趣、切中要害，以便灌输给耐性不足、心不在焉的听众。这样一路走来，宗教意识到，自己所面临的最大

四 教育

110.

危险不是概念的过分简化,反倒是因为听不懂或者没感觉导致听众丧失兴趣不再捧场。宗教也认识到,平白明了只会保护观点而不会危害观点,因为这等于为精英的精神劳动搭建了一个可以借以安身的平台。基督教相信,自己的训诫足够强大有力,会在各不相同的层次同样得到理解,它们既可以借粗糙的木刻形式向本区教堂里的农夫呈现,也可以在博洛尼亚大学由神学家们用拉丁文来进行探讨,而且,每次的重复只会支持和强化其他场合的阐述。

约翰·卫斯理在为本人布道集撰写的序言中,对于为何要坚持通俗易懂作了解释和辩护。他说:"我为普通人准备了普通的语言,因此,……我放弃了种种高深的哲学探讨,放弃了错综复杂的推理,甚至还尽量放弃了学问的炫耀。我的初衷是……要忘记自己以往岁月中曾经读到的一切。"

有一小部分勇敢的世俗作家也能够用同样具有启迪性的直白语言来表达思想,最出名者当数精神分析领域的唐纳德·温尼科特、文学领域的拉尔夫·沃尔多·爱默生。可惜的是,此等人士凤毛麟角,而且其中多数尚且仰仗原先的宗教背景来塑造和支撑自己的思想感情。温尼科特早年是循道宗信徒,爱默生则是超验主义者。

基督教最伟大的布道者都是"粗浅"的——这里用的是该词的褒义。他们并不拒绝深奥的见解,但却诚心希望帮助那些前来听讲的人们。

7

与此相对照，在我们所构建的精神世界里，声名显赫的顶尖学府很少愿意去提问，更不愿意去回答最严肃的心灵问题。为了应对这一脱节局面，我们或许应当着手改造现有的大学，动手革除诸如历史和文学之类的学科。此种终究肤浅的学科分类即使覆盖了某些有价值的材料，但本身并不系统追踪那些最折磨或者最吸引我们心灵的主题。

未来重新设计的大学依然会取材于传统大学所加工利用的丰富文化宝库，也还会同样地鼓励人们研究小说、历史、戏剧、绘画等。不过，它们在教授这些材料时会采用新的视角，即旨在启迪学生的生活，而不只是激励他们追求单纯学术目标。故此，《安娜·卡列尼娜》和《包法利夫人》会归到一门理解婚姻矛盾的课程里，而不会放到专论19世纪小说叙事趋势的课程中。同样，有关伊壁鸠鲁和塞内加的作品介绍会出现在关于死亡的课程大纲里，而不会现身于关于希腊化时期哲学的专题考察中。

按要求，各个科系都将需要直面我们生活中出问题的诸多方面。教育提携学生、改变人生这样的想法，目前只是虚无缥缈地盘旋在毕业典礼的演说中，未来将在世俗学府中如同在教堂中一样，真正得到具体的落实和正面的探索。开设的课程将包括：独处，反思工作，改善亲子关系，重建与自然的联系，面对疾病，等等等等。一个大学，假如真正关心文化遗产在这个世俗时代的

112.

责任，一定会组建一个"关系研究系"、一个"死亡研究所"，以及一个"自知之明中心"。

如此一来，则正如阿诺德和密尔所期盼的那样，世俗教育将可望走出到底有什么用的惶恐阴影，开始重新设计出自己的课程体系，从而直接关注我们最感迫切的个人难题和伦理困境。

很少人会打瞌睡。

（二）如何进行教育

1

依照宗教启示来重新安排大学教育，不仅涉及课程体系的调整，而且同样关键的是，会包括课程教学方法的改进。

就其方法而言，基督教从一开始便受到一个简单却又关键的见解所引导，这就是我们太容易遗忘。可惜的是，这一见解在负责世俗教育的人那里，从来就没有留下什么印象。

基督教的神学家们知道，我们的心灵受困于古希腊哲学家所谓自制缺失，此乃一种茫然不知所措的状态，即明明知道应该做什么，实际上却又迟迟不愿行动，不管是因为意志薄弱还是因为心不在焉。我们一方面拥有智慧，另一方面却缺乏应有的力量在生活中践行这一智慧。基督教把大脑描绘成一个懒散而又易变的器官，它很容易留下印象，但又永远在改变自己的关注焦点，并且永远在抛弃自己的原先承诺。有鉴于此，基督教提出，教育的中心问题并不是如何去对抗无知（世俗教育家们即主张对抗无知），而是我们如何能够去对抗自身的惰性，此即不愿意身体力行我们在理论层面上已经充分认同的想法。基督教赞同西塞罗的劝导，说公共演说家应当拥有三重能力：证明、娱乐、说服，此外，它也追随希腊诡辩学派的观点，坚信所有的课程都应当既诉诸理性，又诉诸感情。总没有理由让震古烁今、颠倒众生的思想在含混不清的瓮声瓮气中表达出来吧。

2

然而，世俗大学教育的辩护者很少担忧过"自制缺失"问题，他们毫不犹豫地断言，有些概念哪怕只在二十岁时听过一两次，哪怕经过了五十年的金融或市场调查生涯，而且哪怕这些概念当年是由讲课者站在空洞的房间里以单调的声音说出来的，人们还是会完完全全地受到这些概念的影响。根据这一看法，观点可以从脑袋中流淌出来，其随意的样子很像倒拿的手提包倒出东西一样，或者，观点可以像说明书一样平铺直叙了无修饰地表达出来，一点也不会伤及相关精神活动的总体目标。自从柏拉图攻击希腊诡辩学派更关注说得动听、反倒不关注诚实思考以来，西方的知识分子一直固执地质疑口头的和笔头的滔滔雄辩，他们相信口若悬河的教师爷会用甜言蜜语别有用心地掩盖其不可告人或乏善可陈的想法。以何种方式来传达一个想法被认为无足轻重，至少它排在该想法本身的质量之后。因此，现代大学没有特别重视演说才能，倒是沾沾自喜地以为，自己重视真理本身而不是表达技巧，足以保证真理得到成功且持久的传播。

四　教育　　　　　　　　　　　　　　　　　　　　　Alain de Botton

116.

我们的大学教师不大可能得到这样的待遇：帕多瓦的圣安东尼被奉若神明的下颌，置于帕多瓦圣安东尼大教堂圣盒中，约 1350 年。

完全无法想象,哪一位当代大学的讲课者在故世后,自己的遗体会被绑缚在桌子上,脖颈被切开,喉管、舌头、下颌被取下,再安放到一个镶有宝石的金色盒子里,然后展示在一个圣祠中央的壁龛中,而这个圣祠专门用来纪念其不凡的演说天才。可是,这一切恰恰就是帕多瓦的圣安东尼得到的待遇,他是13世纪圣方济会教派的修士,后来依仗其公共演说方面出类拔萃的才能和精力而被册封为圣人。他的发声器官陈列于家乡的天主教大教堂,依然吸引着来自天主教世界各地的慕名朝拜者。依照圣徒传记,圣安东尼一生总共作了一万场布道,而且能够感化最铁石心肠的罪人。甚至有传说称,有一天在里米尼,他站在海滩上,开始对着并无特定听众的大海慷慨陈词,很快他居然发现,一群鱼儿已经围拢过来,成了一批无比好奇、显然陶醉其中的听众。

3

圣安东尼不过是基督教悠长而自觉的演说传统中的一个代表而已。英国詹姆斯一世时期诗人兼圣保罗大教堂教长约翰·多恩在自己的布道中,也展示了足可媲美圣安东尼的感化劝导才能,他能把复杂的思想化解为轻松自然的清澈道理,给人留下难忘的印象。为了消除听众在布道过程中可能出现的厌倦,多恩每讲几段就稍作停歇,以便总结自己的思想,而且总结用词都决意要铭刻在听众易变健忘的头脑中。("年长是一种疾病,年轻是一个伏

四　教育　　　　　　　　　　　　　　　　　　Alain de Botton

118.

圣安东尼为鲤鱼布道，16世纪彩饰图稿。

兵。")正像一切魅力独具的格言家一样，他拥有炉火纯青的对仗功夫（"失却畏惧，焉得真爱？"），而且，这种修养又与一种抒情的感触相结合，使他能够借助出人意料的形容词凌空翱翔，然后又以一句深入浅出的格言带着他的信众戛然而止。（"丧钟为谁鸣，何必去打听，回荡在人境，就为你而鸣。"）他在处理自己与听众之间的关系时丝毫不会摆出一副教长的面孔。教友们尤其能够强烈地感受到他思想的真实诚恳，因为这些都出自一位看来人性浓厚乃至同样会有失误的布道者。（"我平躺在房间，我仰天呼唤，请求上帝和天使降临人间。等他们来到之后，我却冷落了上帝和天使，只因为苍蝇嗡嗡、马车叮当、房门吱嘎。"）

近期，基督教的演说传统有了进一步光大，主要得益于非洲裔美国布道者，尤其是那些属于五旬节派和浸礼会派的布道者。在美国各地的教堂里，星期天的布道可不是枯燥无聊的时刻：听讲者傻坐着，一只眼睛盯着时钟，教堂东面的半圆室内，一位牧师在讲经台上，面无表情地仔细剖析行善的撒马利亚人的故事。正好相反，信众们都需要打开各自的心扉，紧握邻座教友的手，喷发出"对呀""阿门，布道师"这样的喊声，让圣灵进入他们的灵魂，最后在一阵欣喜若狂的喊叫中轰然打住。在台上，布道者则通过呼唤与回应，撩拨着集会教友的热情之火，他会令人着迷地夹杂本地土话和钦定版《圣经》词汇，反复问道："愿意说阿门吗？我说你们愿意说阿门吗？"

不管你原来的主张有多大的感染力，如果现在每说完一点，

四 教育　　　　　　　　　　　　Alain de Botton

120.

关于沃尔特·惠特曼的讲座也能同样动人吗?

集会的五百人都会齐声欢呼："感谢你，耶稣""感谢你，救世主""感谢你，基督""感谢你，上帝"，那你的主张不是足以颠倒众生了吗？

精彩的神学辩论总让人欲罢不能，在位于田纳西州诺克斯维尔市的新景浸礼会教堂里，就有这样一场神学辩论从台上顺流而下："今天我们没有一人身处监牢。"（集会教友说道："阿门，对呀，阿门，布道师。"）"主垂怜我们。"（"阿门。"）"所以，兄弟姐妹们，我们的心智永远不会遭到囚禁。"（"阿门，布道师。"）"我的兄弟姐妹，听到了吗？"（"阿门，阿门，阿门！"）

这种场面与人文学科的典型课堂相比，反差犹如天壤之别，可是这种反差真的不必存在。世俗学府那副一本正经的样子能有什么用处呢？讲解蒙田的小品文时，如果每句话后一百号人都激动万分地齐声叫好，那蒙田著作的含义不就可以大大拓展吗？讲解卢梭的哲理时，假如用有节奏、诗歌般的"呼唤—回应"方式来铺陈展开，那卢梭哲学不就可以在你我的脑海中久久回荡吗？可以说，只要不把人文老师送到非洲裔美国五旬节派的布道师那里去接受培训，世俗教育便永远不可能成功地挖掘自己的全部潜力。只有接受了那种培训，谨小慎微的讲课者在讲述济慈、亚当·斯密时才会抛弃现有的自我束缚，才会挣脱举止持重这样的虚假观念，才会冲着昏昏欲睡的听众大声喊道："听到了吗，我说听到了吗？"只有到那个份上，那些终于眼泪汪汪的学生才会跪倒下来，听任某些世上最重要的精神观念流入脑海并进而改造他们自身。

4

思想观念除了需要表达得生动流畅外,还必须不断地重复。我们必须一天三番五次乃至多到十次地强迫提醒自己记住所深爱的真理,要不就难以留下深刻印象。早上九点阅读的东西到中午时分我们也许已经忘记,所以需要到黄昏时段再去阅读。必须时时给我们的内心世界提供一种支撑结构,这样心中最好的思想内容才能得到反复的强化,也才能克服注意力分散、记忆力下降每时每刻带来的困扰。

各路宗教都富有智慧地制定了详尽的月历牌和日程表,深切而广泛地介入信众的生活,不会让一个月、一整天、一小时在缺乏精心策划的思想灌输下付诸东流。宗教工作计划几乎会落实到每一时刻,会细致地告诉教友应该阅读什么、思考什么、演唱什么、做些什么,可谓清规戒律繁琐至极,但确又面面俱到井井有条。例如,《公祷书》规定,信众应当总是在"三一节"后第二十六个星期日晚上六点半集会,此时,烛光在教堂四壁留下碎影,大家应当听讲次经中《巴录书》第二部分的诵读;1月25日,他们必须一直思索圣保罗的谈话;7月2日上午,则必须反思圣母马利亚之往见,并吸收《约伯记》中第三篇的道德教诲。对天主教徒而言,日程安排还要精细,他们的一天被分割为不少于七次的祈祷。比如,每天晚上十点,他们必须审视自己的良心,阅读一首赞美诗篇,宣告"交托在你的手中",歌唱《路加福音》

第二章中的"西面颂",最后再赞美一番圣母("永生永世的圣母,永远垂怜我等罪人吧")。

相比之下,世俗社会对我们是多么的放任自流!它以为,我们定会自然而然地踏准发现之路,总能找到对自己至关重要的理念,而且,它还让我们在周末放松地去消费和娱乐。世俗社会正像科学一样,特别看重新的发现。在它眼里,重复终究是极度匮乏状态下不得已的做法,故此,它给我们提供着滚滚流淌的新信息,但也因此弄得我们把一切都忘了个一干二净。

例如,我们会被吸引到电影院去看一部新近发行的影片,电影结尾极度动情、无比悲伤,让人情绪激越、感慨万千。走出电影院这一刻,我们誓言要按照银幕上展示的价值观去重新思考本人全部的生存状态,并且要洗刷和荡涤自己身上颓废没落、轻狂草率的性格。可是,到第二天晚上,开了一天的会,生了一天的气后,当初的电影体验早已人间蒸发。这个世界上,曾经让我们刻骨铭心却转眼灰飞烟灭的东西太多了:以弗所[1]神庙废墟的雄伟壮丽,西奈山[2]上放眼四望的特殊体验,爱丁堡城里余音绕梁的诗歌朗诵,阅读托尔斯泰《伊凡·伊里奇之死》后的掩卷感受。到最后,所有现代文艺大师都难免烹调大师的命运,即精制的佳品

---

[1] Ephesus,古希腊小亚细亚西岸的一重要城市,以阿耳特弥斯神庙而闻名。——编者

[2] Mount Sinai,基督教《圣经》中记载的上帝授摩西十诫之处,据信系指埃及西奈半岛南部某山。——编者

四　教育

124.

Alain de Botton

16

Table III
ORDER FOR GOSPEL READING
FOR SUNDAYS IN ORDINARY TIME

Luke's Gospel represents Jesus' journey from Galilee to Jerusalem – a journey which is completed in the Acts of the Apostles by the journey of the Church from Jerusalem 'to the ends of the earth'. The Lectionary in the year of Luke represents faithfully his 'Travel Narrative' (chapters 9-19) – Jesus' journey to death, to resurrection and his return to the Father (see Sundays 13-31). Luke's vision of the journey is not geographic or chronological. Rather it is seen as a journey for the who[le] Church and for the individual christian, a journey towar[ds] suffering and glory. Each Gospel passage should mean a gre[at] deal more to preacher and reader when it is seen in the context [of] the whole programme of readings for Year C.

YEAR C: YEAR OF LUKE

Unit I	The figure of Jesus the Messiah	Sundays 1-2
SUNDAY 1	The baptism of Jesus	Lk 3:15-16, 21-22
SUNDAY 2	The marriage feast at Cana	Jn 2:1-12
Unit II	Luke's programme for Jesus' ministry	Sundays 3-4
SUNDAY 3	Prologue. The visit to Nazareth (1)	Lk 1:1-4; 4:14-21
SUNDAY 4	The visit to Nazareth (2)	Lk 4:21-30
Unit III	The Galilean Ministry	Sundays 5-12
SUNDAY 5	*The call of the first apostles	Lk 5:1-11
SUNDAY 6	The sermon on the plain (1)	Lk 6:17, 20-26
SUNDAY 7	The sermon on the plain (2)	Lk 6:27-38
SUNDAY 8	The sermon on the plain (3)	Lk 6:39-45
SUNDAY 9	The cure of the centurion's servant	Lk 7:1-10
SUNDAY 10	*The Widow of Naim	Lk 7:11-17
SUNDAY 11	*Jesus' feet anointed: the sinful woman	Lk 7:36-8:3
SUNDAY 12	Peter's confession of faith	Lk 9:18-24
Unit IV	The first part of the 'Travel Narrative': The qualities Jesus demands of those who follow him	Sundays 13-23
SUNDAY 13	*The journey to Jerusalem begins	Lk 9:51-62
SUNDAY 14	*The mission of the seventy-two	Lk 10:1-12, 17-20
SUNDAY 15	*The Good Samaritan	Lk 10:25-37
SUNDAY 16	*Martha and Mary	Lk 10:38-42
SUNDAY 17	*The importunate friend	Lk 11:1-13
SUNDAY 18	*The parable of the rich fool	Lk 12:13-21
SUNDAY 19	The need for vigilance	Lk 12:32-48
SUNDAY 20	'Not peace but division'	Lk 12:49-53
SUNDAY 21	Few will be saved	Lk 13:22-30
SUNDAY 22	True humility	Lk 14:1, 7-14
SUNDAY 23	The cost of discipleship	Lk 14:25-33
Unit V	The 'Gospel within the Gospel': the message of pardon and reconciliation – the parables of God's mercy	Sunday
SUNDAY 24	*The lost coin, the lost sheep, and the prodigal son	Lk 15:1-
Unit VI	The second part of the 'Travel Narrative': the obstacles facing those who follow Jesus	Sundays 25-
SUNDAY 25	*The unjust steward	Lk 16:1-
SUNDAY 26	*The rich man and Lazarus	Lk 16:19-
SUNDAY 27	*A lesson on faith and dedication	Lk 17:5-
SUNDAY 28	*The ten lepers	Lk 17:11-
SUNDAY 29	*The unjust judge	Lk 18:1
SUNDAY 30	*The Pharisee and the tax collector	Lk 18:9-
SUNDAY 31	*Zacchaeus	Lk 19:1-
Unit VII	The ministry in Jerusalem	Sundays 32-3
SUNDAY 32	The resurrection debated	Lk 20:27-3
SUNDAY 33	The signs announcing the end	Lk 21:5-
Unit VIII	Christ the King: reconciliation	Sunday
SUNDAY 34	*The repentant thief	Lk 23:35-

Note: Passages marked with an asterisk are found only in th[e] Gospel of Luke.

不复习就记不住：天主教对有关篇章的日程安排。

转瞬间被咀嚼个稀烂。当然，文艺大师的作品本身可能不会溃烂腐败，可是其受众的反应却真会销声匿迹。我们虽然敬重文化的力量，但很少承认，对于文化中的具体丰碑，我们的健忘程度着实到了骇人听闻的地步。在读一部传世杰作之后不过三个月，我们可能要搜肠刮肚才能回忆起其中的某个场景或只言片语。

我们最爱读的世俗书籍并不会提醒我们，读完就扔的一次性阅读方法是多么的漏洞百出。这些书籍不像宗教典籍，没有标示出一年中哪些特定的日子里我们应该复习，况且，宗教典籍复习时有二百来人在一起做，还有乐器在演奏背景音乐呢！你可以说在安东·契诃夫的故事中，能够找到跟《福音书》中一样多的智慧，可是契诃夫的故事集并未附有月历牌，去提醒读者照着计划定期重温书中的金玉良言。假如我们试图从世俗作家的作品中编选诵读语录，一定会有人指责我们稀奇古怪。我们最多不过是在自己最喜欢的句子下面不成系统地画一些线，下次或许在等待出租车的偷闲时刻碰巧再扫视一遍而已。

宗教的追随者不会觉得有这些顾虑。对犹太教徒而言，在星期一和星期四、每次两节、大声朗读《摩西五书》，这一仪式自公元前537年"巴比伦囚房"时期[1]结束以来，一直是他们宗教的核心内容。在希伯来提市黎月第二十二天，"庆法节"标志着一年

---

[1] Babylonian Captivity，是指公元前6世纪耶路撒冷陷落及大批犹太人被俘至巴比伦，史称"巴比伦囚房"时期。——编者

四　教育

126.

会堂诵经的结束以及下一轮的开始，这时，《申命记》最后一节、《创世记》第一节都需要从头至尾背诵一遍。很奇特的是，被指定阅读《申命记》34：1—12的信徒会被称为"律法新郎"，而负责阅读《创世记》第一篇的人则被称为"创世新郎"。我们这些世俗之辈或许觉得自己还是很爱读书的，但如果跟这两个新郎比，我们对书的喜爱简直显得暗淡无光。须知，这两个新郎要绕教堂走七个来回，唱出他们的喜悦并且乞求上帝开恩："拯救我们吧！"与此同时，教堂中的其他信众则挥舞旗帜，互相接吻，向所有在场的孩子抛撒糖果。而世俗这一边却是多么的令人遗憾呀！设想一下，当我们合上马塞尔·普鲁斯特《追忆似水年华》的最后一页，假如进而去争取那份成为"斯万家新郎"的荣耀，世俗社会一定会对我们侧目而视。

5

当然，世俗社会也不是不熟悉月历牌和日程表，在跟工作相关的方面我们太了解这些东西了，对于午餐会议、现金流预测、缴税截止日期之类的日期提醒，我们无不欣然接受。不过，我们似乎觉得，假如把回头再读沃尔特·惠特曼、马可·奥勒留跟记事册连在一起，纯粹是扰乱个人的自发兴致。《草叶集》和《沉思录》也许让人感动，但我们否认有必要每天去复习回味，即使我们希望这些书籍能对本人的生活产生真正的影响。更让我们感到惊恐的不是自己可能会彻底忘掉书中的内容，而是担心自己被迫刻板地按照计划去接触某些思想，我们总以为这种做法会产生窒息心灵的后果。

然而，我们确实在遗忘这些东西啊！现代世界充满了各种刺激，其中最夺人眼球者当数被统称为"新闻"的滚滚洪流。这一大块内容在世俗世界所占的权威地位等同于宗教世界中的祈祷日程表，其新闻播报以超常的精确性覆盖着祈祷时间节点：晨祷已变形为早餐新闻播报，晚祷则变形为新闻晚间报道。

新闻的声望立足于一个未曾明言的假定，即由于现代史上两大推动力（政治和技术）的作用，我们的生活永远处于重大转变的边缘。因此，地球上必须铺上纵横交错的光纤电缆，机场的候机厅必须装满电视屏幕，城市的公共广场也必须镶嵌不断跳动的股票价格。

相比而言，宗教几乎不需要借助不断翻新的新闻播报来改变或形成自己的见解。那些稳定性较高的伟大真理可以写在精制羊皮纸上或者刻在石头上，不必流淌泛滥在手持屏幕上。在十六亿佛教徒看来，自公元前483年至今，还没有什么具有改变世界意义的消息；对基督教徒而言，历史上的重大事件在公元30年复活节星期日[1]前后已经终结；而在犹太人眼里，历史的分界线早已划

---

[1] Easter Sunday，纪念"耶稣复活"的节日，一般指每年过春分月圆后的第一个星期日。——编者

四　教育

128.

在公元 70 年罗马执政官提多[1]夷平第二圣殿稍后的时候。

即使不赞同宗教日程安排中的具体含义，我们也还得承认，自身已经因为杂乱无度地追逐新奇而付出了代价。偶尔到静夜时分，在收看了一条新铁路开通的报道，或者听完了就移民问题辩论所做的烦心总结后，我们终于让电视机安静下来，这时会感到怅然若失。我们意识到，在费心跟踪关于人类雄心勃勃地迈向技术完美和政治完善的报道过程中，自己实已丧失了重温某些真理的机会。这些真理低调朴素，我们在理论上虽已了解清楚，却忘记了在生活中去身体力行。

6

我们对文化的这种态度从教育领域蔓延到了其他相关领域，比如，在书籍的制作和销售中，也充斥了类似的可疑思想。

在这方面，世俗社会同样提供了超出消化能力无穷倍的内容，弄得我们不得不苦苦挣扎，以设法抓住一点最紧要的东西。21 世纪初攻读人文学位的本科生，即使其勤奋程度属中游水平，毕业前可能也需要翻阅八百本书。相比之下，1250 年时一个富裕的英国家庭要是拥有三本书已算是走运的了，这点有限的收藏会

1　Titus，古罗马皇帝（79—81），曾任执政官，与父皇 Vespasian 共执朝政，镇压犹太人起义，夷平耶路撒冷。——编者

包括一本《圣经》、一本祷告集、一本圣贤行状汇编，但其代价足抵得上一间房舍。假如我们如今哀叹这个书山书海的时代，那是因为意识到，要想最有效地开发自己的智力和情感，并不是靠阅读得更多，而是靠聚焦某些书籍，加深理解并温故知新。我们为自己还有那么多书尚未阅读而惶恐不已，但看不到自己已比奥古斯丁或但丁多读了很多很多，也因此看不到，我们的问题纯粹在于自己吸收的方式，而不是自己消费的范围。

世俗社会经常极力主张，我们应该感到无比欣喜，不仅拥有如此大量的书籍，而且其价格还如此低廉。可是，不应当认为这两种情况必然就是板上钉钉的优势。谷登堡之前时代，一册《圣经》蕴含了代价高昂、煞费苦心的手工技艺，书页边空处花卉的插图样子、对约拿[1]和鲸鱼朴拙的刻画，以及圣母头顶的湛蓝天空和点缀其中的奇异飞鸟，无不透露出精工细作的态度。这种制作反映出当时的社会注重在收敛的基础上用足工夫，并且期望把一本本单独的书册制成赏心悦目的作品，从而凸显其精神意义和道德价值。

技术进步已使得因拥有一册书而心存感恩显得多少有点荒唐，但尽管如此，物以稀为贵这一心理并未过时。当年制作一册犹太托拉经卷，一名抄写者誊抄《摩西五经》要花上一年半的时间，抄经的羊皮纸来自按特定仪式宰杀的山羊，羊皮还要在按教

---

[1] Jonah，基督教《圣经·旧约》中的先知。——编者

130.

规配制的苹果汁、盐水、五倍子混合液中浸泡九天。对于此番用心,我们自应崇敬有加。我们想必愿意用一些很容易散架的平装书去交换几册精良的经卷,这些精装书卷,通过其材料的厚重、版式的雅致、插图的精美,传达了一种愿望,即希望书中的内容能在我们的心灵占有一个恒久的位置。

价值连城的书：15世纪末一部祷告集中精制羔皮纸彩饰图页，描绘了"贤士来朝"。

（三）精神的修炼

1

除了为大学设置另类课程体系并且强调有必要演练和消化知识之外，宗教还别具一格地让教育走出课堂，跟其他活动结合起来。它鼓励信众们通过自己的全部感官来进行学习，即不仅听和读，而且更广泛地做：吃喝、洗浴、散步、歌唱。

例如，佛教禅宗的理念告诫友谊之重要、挫折之必然、人类工作之不完善。但它不是就这些信条简单地向追随者高头讲章，而是更直接地帮助他们通过各种活动来体会这些真理，这些活动包括插花、书法、打坐、散步、磨石，最著名的就是饮茶。

由于饮茶在西方司空见惯而又缺乏精神内涵，令人欣喜无比却也尤感奇怪的是，禅宗居然会把饮茶仪式奉为最重要的教化时刻之一，其对佛教徒的重要性恰如弥撒之于天主教徒。在"茶道"这一饮茶仪式中，一般英国茶饮时刻也若隐若现的某些情绪得到了净化、放大，并且象征性地与佛教的信条连接到一起。该仪式的每个方面都别有一番滋味。在最初的茶具环节，茶具的奇形怪状反映了禅宗对于一切未加雕饰的天然材料之钟爱；茶主人备茶时的和缓动作可让个人"自我"的欲求归于沉淀；茶室的简朴装饰意在让人们的思想摆脱对名缰利锁的挂念；冒着热气的清香茶水可助人更好地品味墙上卷轴所书汉字背后的真义，这些汉字表达了"和谐""清纯""宁静"等基本佛教品德。

茶道的焦点不是要教授某种新的哲学，而是要让既有的哲学通过一项蕴含微妙情愫的活动而变得更加形象生动。它是一种让理念获得灵动生命的机制，对这些理念，参与者本来就有较好的理论掌握，只是继续需要鼓励以便践行理念。

从另一宗教中可以举个类似的例子。犹太经文反复提及赎罪以及悔过自新的重要性。但在该宗教中，这些理念不仅仅借助书本加以传授，它们还经由某种身体的体验，即一种仪式化的沐浴而变得生意盎然。自从巴比伦流亡以来，犹太教便告诫其各社会团体要修建神圣的"净身池"，每个池子正好装满五百七十五升洁净的泉水。犹太人在忏悔自己可能有违教义的行为后，身体要浸泡在池水中，如此方可恢复自身的纯洁并且重续与上帝的联系。犹太经文建议每周五下午、新年之前、每次泄精之后，都要在浴池中完全浸泡一次。

"净身池"制度立足于某种推陈出新的含义，这种含义世俗洗浴者也知道一点，但犹太教赋予它进一步的深刻度、结构性和庄严感。当然，无神论者也感到洗澡后干净、不洗澡肮脏，可是"净身池"仪式把外表的卫生与某种内在纯洁的恢复联系起来。如同各宗教所倡导的诸多其他象征性做法，这一仪式也设法用一种有形的身体活动来促进精神的教化。

四　教育　　　　　　　　　　　　Alain de Botton

134.

关于生活意义的感悟已融入茶会中。

2

宗教深谙严格的头脑训练所具有的价值，而一般我们只习惯于努力训练自己的身体。诸多宗教给我们提供了一系列精神修炼，用以强化我们思无邪、行有德的向善品性，比如会安排我们坐到不熟悉的空间、调整我们的姿态、管理我们的饮食、为我们规定台词以详细列明相互之间应当说些什么，还会细致地监控我们头脑中闪过的思想。如此所作所为，不是为了剥夺我们的自由，而是为了缓解我们的忧虑、锤炼我们的道德能力。

宗教有一种二元见解，即认为我们应当像训练身体一样训练我们的头脑，而头脑的训练一定程度上应当借助身体来进行。这一见解导致所有较大的宗教都建立了宗教静修所，信众们一段时间内可在这里退出普通生活，通过精神修炼来求得内心的复原。

世俗社会没有提供真正类似的场所，最接近者也许是乡间旅馆和水疗胜地，实际上这样去比附本身只会暴露我们的浅薄少知。世俗场所的介绍册子往往承诺让我们有机会重新发现自身最本质的东西，会展示伴侣们身穿奢华睡衣的照片，会炫耀床垫和洁具的质量，或者会自夸全天二十四小时的客房服务。然而，强调的对象总是物欲的释放和精神的逍遥，而不是心灵需求的真正满足。当我们的人际关系落到最不和谐的谷底时，当读着星期日报纸引发对本人职场生涯的惶恐时，或者当我们天亮前惊醒过来无可奈何地痛感自己余生苦短时，这些地方是无法帮助我们的。那些服

四　教育　　　　　　　　　　　　　　　Alain de Botton

136.

用洗浴支持理念：犹太"净身池"，伦敦西北部威尔斯登。

务人员原本无比殷勤好客，喋喋不休地告诉我们何处可以遛马、何处可以玩小高尔夫球，可是，一旦询问他们消解负疚心理、莫名渴望、自暴自弃的策略时，他们立马就变得张口结舌。

还好，宗教静修所关注的范围相对会更加全面。圣伯纳德是第一批西多会修道院的创办人，这些机构当年成了世俗者的退隐之处和修道者的永久住地。圣伯纳德提到，普天下凡人都可分为三部分：身体、头脑、心灵，每一部分都必须由恰当的场所来加以悉心照料。

按照圣伯纳德的传统，天主教静修所直到今天依然向客人提供着舒适的食宿条件、广博的图书馆藏，以及丰富的精神活动。后者既包括"良心省察"，即每日三次的良心自省，一般都是点上蜡烛就着耶稣的圣像，在安静中独自进行；也包括与辅导顾问的对话，这些顾问受过特别的训练，能将逻辑和道德注入到信教者混乱不堪、错误百出的思维过程中。

佛教的静修所也同样关注人的全面需要，尽管其所传授的具体课程可能明显有别于其他宗教。当我听到英国乡下有一门专教静修打坐和步行冥想的课程时，我决定亲眼见识一下这种精神修炼的课程会带来什么好处。

在佛祖于恒河流域迦毗罗卫附近降生之后足足两千五百七十三年，6月份某个星期六上午六点，我与十二名其他新手坐在萨福克地区一座原先的谷仓里，大家围坐成一个半圆。我们的老师叫托尼，他开始上课时先邀请我们从佛教徒的视野来理解人类的状

四 教育

138.

态。他说，绝大多数时候，我们完全身不由己地被自我（梵文为"ātman"）所操控。这一意识的中心本质上是自私、自恋、贪婪的，它不甘心于自己终将灭失的命运，念念不忘幻想通过事业、地位、财富的回天之力来逃避死亡的降临。自出生那一刻起，自我就像发狂的野牛一样得到释放，从此决不停歇，至死方休。因为自我天生多愁善感，所以其主导情绪便是焦虑。它好动多变，从一个目标跳到另一个目标，永远都无法放松戒备或跟他人恰当相处。哪怕在最安详的环境下，它基本上还是忧愁连连，始终如一地鼓声阵阵催人躁动，也因此自我很难真心诚意地介入到己身之外的任何事情中。另一方面，自我存在一个经久不变、令人心动的趋势，即坚信自己的欲求即将得到实现，故此其前方也会萦绕宁静和安全的图景。某一特定工作的得手、社会征战的取胜、物质财富的聚敛看起来总是展示着大功告成的前景。但事实上，每一分忧愁都很快会被另一分忧愁所取代，一个欲念的了断又会引发另一个欲念，从而生发出无穷无尽的循环，佛家谓之"执取"（梵文为"upādāna"）。

不过，正如托尼现在所解释，就我们自身某一部分作如此灰暗的描述并不能说明我们的全部，毕竟老天尚且赋予我们举世罕见的、通过精神锻炼更可增强的能力，能让我们偶尔放下"小我"的欲求，进入佛家所谓"无我"（梵文为"anātman"）的境界。在此种忘我状态中，我们可以稍稍退离个体的激情，思考一下假如返璞归真、灭除令人痛苦的额外欲求，我们的生活应该会是一副什么样子。

无神论者 写给

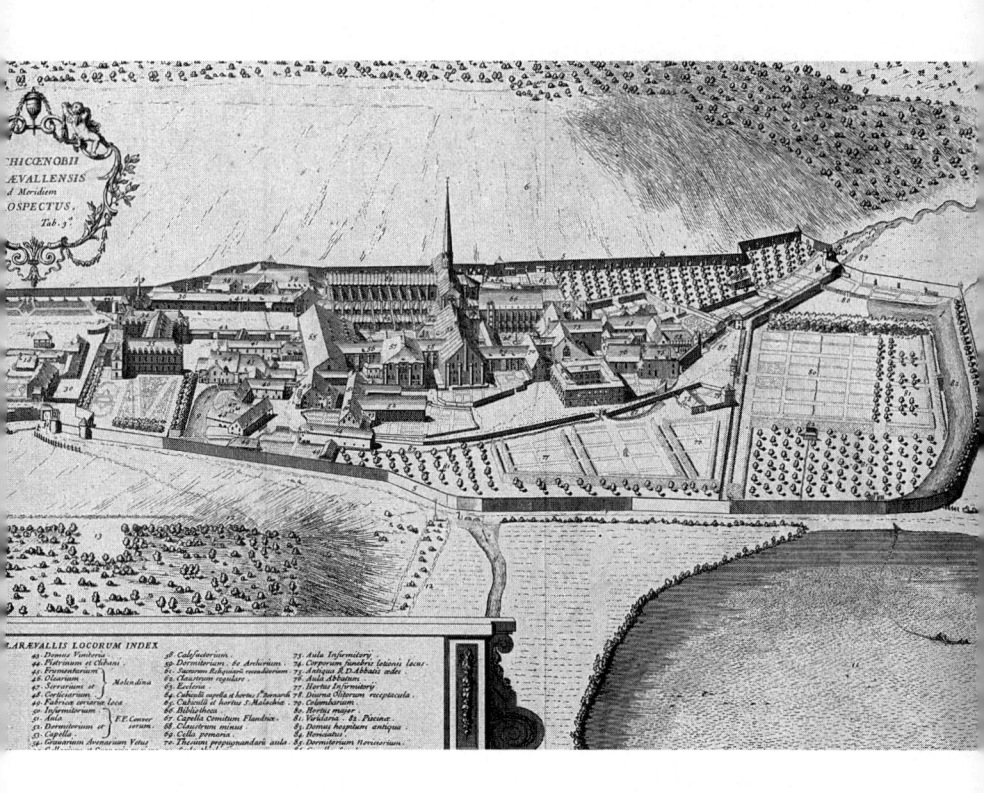

Religion for Atheists

139.

克莱尔沃的西多会修道院，1708 年：身体、头脑、心灵的安歇之地。修道院每区都安排供人体某一不同部位修身养性，身体由厨房和宿舍加以照料，头脑和心灵则分别由图书馆和礼拜堂照料。

140.

当西方人获知，抛弃"小我"主要不是通过逻辑辩论来做到，而是要学着用一种新的方式来坐在地上，他们定会大呼惊异。然而，这本身就是西方过于偏重思想意识的表现。

托尼继续解释道，我们是否有能力重新确定生活的优先重点，关键取决于我们是否有能力站起来、抖动肢体一分钟，以及照着大日如来七支做法去调整自己的身体。对于一拨新手而言，这必然有点苦不堪言，因为我们许多人的身体早已不再年轻，更何况脱去鞋子只穿袜子在陌生人面前歪扭着身体，这似乎让大家自觉十分别扭。当我们用力模仿托尼的姿态时，还难免咯咯傻笑一番，间或也会听到有人放屁。托尼的姿态据说就是佛祖及其信徒的姿势，两千多年前，当他们在印度比哈尔邦东部神圣的菩提树下修禅时，用的就是这个姿势。动作要领是精细的：两腿必须交叉盘坐，左手必须放于右膝上，脊椎应该挺直，双肩应该微微伸展，头部应前倾，目光要往下，嘴巴稍张开，舌尖抵住上颚，呼吸则平稳和缓。

渐渐地，我们这批人达到指令要求，房间里也安静下来，只有从远处旷野传来一只猫头鹰的鸣叫声。托尼引导我们注意一个很不起眼也很少顾及的事实，即大家都在呼吸。在初步掌握"安般守意"[1]（梵文为"ānāpānasmrti"）入定冥思的过程中，我们意

---

[1] mindfulness of breathing, 亦作"数息观""持息念"，梵文"ānāpānasmrti"的意译，直译"念出息入息"，梵汉并举，译作"安般守意"。指坐禅时专心计数呼吸次数，使精神专注，进入禅定意境。——编者

无神论者写给

Religion for Atheists

141.

四　教育

Alain de Botton

142.

为了回应我们对平静的渴望，西方消费社会在以往五十年里改进了日光浴概念，而佛教花了一千多年的时间去完善入定修禅的艺术。

识到,安静地在房间打坐、不做任何事情,只剩下存在本身,这对人提出了异乎寻常的挑战。换句话说,我们开始明白,自我平时的茫茫杂念和纷繁俗务在何等残酷地缠磨着本人。我们注意到自己总会分心走神,而当全力只去关注呼吸时,我们感觉到,大脑意识仍在照其通常狂乱的路线东奔西突。大家领悟到,哪怕只在三次呼吸之间做到不让充满焦虑的意念侵袭自身,都是难上加难!我们也由此推断,平时在经历任何体验时,要想不落入张牙舞爪的自我的魔掌中,该是多么的难得啊!

我们这个新坐姿的目的是要在自己的意识与自我之间拉开一点距离。当感觉自己在呼吸时,我们注意到本人身体各部分各有其单独的节奏,这种节奏并不跟着自我主导的杂念俗务而展开。肉身另成一体,这触及浩瀚的"无我"境界的一个侧面,自我并不控制也并不理解此"无我"境界,但佛教正在把我们带入这一王国。

由于自我惯于将所遇到的一切东西都当作工具来开发利用,所以它一般不会关心身体,除非身体有利于自我去实施其寻欢作乐的计划。自我会隐隐地不满身体的脆弱性,并为此等脆弱性感到震惊。自我不想关心肝脏的奇特工作方式或者胰腺的神秘机理,只是命令身体忠实履行分派到的任务,要求它躬身伏案,抽紧背部肌肉,唯唯诺诺,诚惶诚恐。然而现在,突然之间,自我被要求把控制权转让给呼吸这个最劳苦功高的角色。从前,自打我们投胎到这个世界以来,这个呼出和吸入的背景性过程一直在进行,但也基本上不被注意也不受称道。而今,自我在惊恐之余,不免

四　教育

Alain de Botton

144.

感到天翻地覆、无所适从，此等感受形同一个国王，由于未曾逆料的重大变故，被迫在一家简陋客店的硬板床上委屈一夜。

随着我们的全副精力都集中到自己的呼吸而不是自我的欲求，自我便开始放弃对意识的某些操控，会放进来一些平时被过滤掉的信息，我们便开始关注与平时欲念毫不搭界的、内部的或外部的东西。我们的意识从专注于呼吸转变为首先感受到自己的四肢，再感受到支撑自身的骨架，然后是感受到体内循环往复的血液。大家能意识到自己脸颊的敏感性，意识到房间里空气的些微拂动，会意识到贴着皮肤的衣服纤维。

上午晚些时候，我们走到室外去做另一项称为"步行冥思"的精神修炼，这是由越南禅宗和尚一行禅师倡导的练习。按指令，我们应清空自己的头脑，漫游在自然景点，除观察自然外决不多做一事，从而暂时摆脱自己那些自我为上的习惯，正是这些坏习惯剥去了自然之美，让我们误以为自己在宇宙中有多么重要，也从此给自身造成了无穷麻烦。依照指导，我们按骆驼的速度前行，个人意识中放下了自我惯有的熏心利欲。这种心灵状态梵文中叫做"无愿解脱"，深得佛教之推崇，就如同它深为资本主义所诅咒一样。有了这种心态，人会与周围世界中的万千细节开始合拍起来。有一缕阳光透过树林飘洒下来，光芒中可见无穷尘埃颗粒在舞动。从不远处的溪流传来淙淙的流水声，一只蜘蛛正在跨过我们头顶上方的树枝往前爬行。佛教诗文中大量记载了跟世上这些微小生物的类似邂逅，而这些小东西只有在自我放松了对官能的

四　教育　　　　　　　　　　　　　　　Alain de Botton

146.

掌控之后才会进入我们的感受范围。

　　禅宗诗人松尾芭蕉[1]写过一首诗："山路费寻攀，居然眼见紫罗兰，最惹人喜爱。"而从草木丛中走过来的我们，都成了考察我等自身存在状态的超然旁观者，也因此在观察这个星球及其居民和紫色小花时，增加了一分耐心和同情。

3

　　佛教和其他宗教的静修所传授的精神修炼内容固然各有千秋，但也许更重要的是它们提出的大原则，即我们有必要对自己的内心世界给予更多的约束。

　　假如我们绝大部分烦恼纯由我们的心灵状态所造成，那么，现代休闲产业的做法便显得有悖常理，因为其孜孜以求的目的居然是要把舒适带给我们的身体，而未能同时设法去安慰并且驯服佛家所谓"猿猴心"，佛家此说诚可谓充满了先见之明。为了恢复我们整体的身心，我们需要行之有效的场所，新型的静修所将借助一系列世俗化的精神修炼，致力于同时教化我们的心灵和肉体。

---

[1] Bashō，生于1644年，是日本江户时代前期的一位俳谐师的署名。他公认的功绩是把俳句形式推向顶峰。——编者

（四）智慧的传授

归根结底，一切教育的目的是要节省我们的时间、减少我们的错误。教育是一种机制，无论是世俗社会还是宗教社会，都希望借此机制，以一种可靠的方式，在限定的若干年里，向其成员灌输先人留下的文明。祖先中最智慧、最坚毅之辈在漫长岁月里以其艰苦卓绝、时断时续的努力，凝结起了这些文明成果。

就科技知识而言，世俗社会已经证明，自己倾心接受有关教育使命的上述道理。如今在册的一名物理专业的大学生能在几个月时间里学到法拉第曾经知道的东西，也可能在一两年的时间里推进到爱因斯坦统一场理论的前沿地带。对于这样的事实，世俗社会丝毫不会觉得有任何懊悔惋惜之意。

然而，就是这个完全相同的原则，尽管在科技领域显得是那样毋庸置疑、理所当然，但在用到智慧、自知之明、心灵的道德指引这样的领域时，往往会遭到莫大的反对。假如有人提出，新入学的一班物理专业学生应当自己去独立摸索电磁辐射理论，教育的辩护人一定会对此想法嗤之以鼻。可值得注意的是，同样这些教育辩护人却同时会慷慨陈词，强调智慧绝不是可以相互传授的东西。

如此这般的偏见早已浸透了文化教育，已使之基本上放弃了密尔和阿诺德的宏大抱负，也毁灭了里尔克[1]高调表述的希望。里尔克在诗篇《古老的阿波罗躯干雕像》的最后一行中推断，世上所有伟大文艺家至高无上的希望就是告诫其受众："你必须改变自己的生活。"[2]

伟大文艺家们从来没有跟那些声称智慧不可教的人站到一起，这一点要归功于宗教。文艺家们敢于直面个体生活的重大问题：我应为何而工作？我如何去爱？我如何才能更加完善？这种直面问题的方式应当引发无神论者的兴趣和思考，即使他们很难同意对这些问题的具体答案。

本章已经表明，文化拥有足够丰富的内容，可以使人不必依赖宗教信条而照样面对生活困境。那些让我们个人和政治生活遭受重创的种种差错，一直在为自古以来的文化作品提供着素材。在文化典籍中，从来不缺乏有关愚蠢、贪婪、色欲、嫉妒、傲慢、感伤、势利的内容，我们所需要的一切题材都可在弗洛伊德、马克思、罗伯特·穆齐尔、安德烈·塔科夫斯基、大江健三郎、费尔南多·佩索阿、尼古拉斯·普桑、索尔·贝娄等人的作品中找

---

[1] Rilke，生于1875年，奥地利诗人。其诗歌尽管充满孤独痛苦和悲观虚无思想，但艺术造诣很高，对现代诗歌发展有巨大影响。——编者

[2] 作者此处用德文"Du musst dein Leben ändern"表示。——编者

150.

到。问题是，由于站不住脚的偏见，世人无意利用文化来纾缓人间的悲伤，故而很少对这一宝库进行有效的清理并令其信手拈来地为我所用。

现有主流的世俗机构中，没有哪一家公开宣称有意向世人传授生活的艺术。不妨拿科学史来打个比方，伦理领域尚处在业余阶段，好像业余人士在自家工棚内捣鼓化学品，而不是专业人员在科学实验室从事程序严密的试验。要开展任何以心灵为核心的教学工作，大学里的饱学之士本来应该是不言而喻的首要人选，可他们却扯起纯学问的幌子，远离经世致用的现实要求，躲避教化听众的责任，唯恐简洁明了清晰直白，假装没有看到我们是多么的脆弱，也无视一个事实，即不管内容多么重要，我们的脑子实在太容易把一切都忘个精光。

宗教则充满了矫正诸多弊端的理念，以之为榜样，我们可以提出一个新的课程体系。在编排知识时，应该依据其所相关的人生挑战，而不是正好所属的学科领域。新的策略应该是为了目的而阅读，这一目的是让自己变得更加完善、更加清醒。同时，应该投入精力训练演说口才，训练记忆技巧，训练书面表达能力。

在某些人听来，这些教育方法也许具有太过浓重的基督教味道，但且莫忘了，它们多在耶稣降生以前久已有之。希腊人和罗马人早已有意让知识为内心需求服务，是他们首先为了传播智慧而创办学校，而把书籍比作良药，并且看到了辞令和重复的价值。我们不应当让无神论来妨碍我们对传统的鉴赏和吸收，诸多传统本来就是人类不以派别划分的共同遗产的一部分，只不过凡夫俗子误解了这一遗产之创造者的真实身份，长期以来践踏乃至灭失了这份遗产。

　　宗教跟现代大学不一样，它们不会将教学限于一个固定的时段（年轻时代的若干年），不会限于某一特定场所（校园），也不会限于某种单一的形式（讲课）。宗教认识到我们既是认知的动物，也同样是感性的动物，故此深知需要动用各种可能的资源来影响人们的头脑。宗教的许多方法，尽管与当代教育的理念相去甚远，但仍可谓必不可少。要想让任何神学的或者世俗的思想在我们这个健忘的头脑中发挥作用，还真少不了这些方法。宗教的这些技法值得加以研究和采纳，如此我们才可望在有生之年比起父辈们少犯哪怕一两个错误。

## 五　温情

1

欧洲北部一未名市镇的偏僻街道上，有座建于15世纪的小教堂。在一个阴郁的冬日下午，时光尚早，一名中年男子收起雨伞，走了进来。室内温暖而暗淡，只点着几排蜡烛，烛光往石灰岩墙壁投下舞动的影子。教堂长椅舒适又老旧，地板上铺着祷告垫，每一块都绣有"哀伤圣母"的字样。一位老妇人跪在远处的角落里，眼睛闭着，嘴里念念有词。

男子相当疲倦，他的关节在作痛，身体感觉虚弱不堪，眼泪也快掉落下来。弄到这个地步也不是出了什么大事，不过是一连串小小的羞辱叠加在一起，酿成了一种强烈无比的平庸、多余、自暴自弃的感觉。他的职业生涯一度充满希望，但长时间来却在步步下沉。他清楚，自己在他人看来一定毫不起眼，社交场合大家也一定唯恐避之不及，自己提出的建议和发出的信件也有太多太多石沉大海。他再无朝前奋斗的信心，对本人身上尚存的不耐烦和虚荣心惊恐不已，正是这两种东西让自己走进了如今的职业死胡同。懊悔、悲观、孤独迎面袭来，不过他懂

156.

得，恐怕不该把这般忧愁带回家里。孩子们需要相信父亲很有能耐，备受折磨的妻子本身也有一大堆烦恼，从以往经历中可知，如果自己带着此番情绪出现在家里，情况定会变得彻底的一团糟。

男子想要入睡并被拥住，他想哭泣一番，也希望得到宽恕和安慰。从教堂嵌入式喇叭里传出音乐声，那是巴赫《圣马太受难曲》中的咏叹调"我主垂怜我"。他搜寻着自己能够抓住的想法，但没有一样东西像是坚实牢靠的。他无法合乎逻辑地思考，甚至设法这样去做都已变得力不从心。

跪下双膝之后，他抬头望见祭坛上方挂着的画。只见一位温柔、体贴、和蔼、头上罩着光环的年轻女子，正向他投来无限关怀的目光，不待你说出一个字，她似乎已经理解了一切。

男子记起了很久以前做孩子时学会的祷告词。想当年，自己仍被认为前途无量，本人也知道如何成为他人引以为豪的对象；父母操心着孩子吃下了多少东西，餐后为他擦着黏黏糊糊的手指；整个世界及其全部机会其时都展示在自己面前。而今，他祷告着："圣母马利亚，求你现在和我们临终时，为我等罪人祈求天主。阿门。"他闭上眼睛，感到眼泪冲击着眼帘。"到你这里，我来了，在你面前，我站着，充满罪恶，充满悲伤。啊，圣言化身的母亲，请勿轻视我的恳求，以你的仁慈，倾听我并且回应我吧……"

2

虽然我们将这一场景设在欧洲，但它几乎可以发生在世界任何地方。类似的绝望时刻天天都能目睹，如在吉隆坡健康圣母教堂，在密苏里州莱茵兰悲伤圣母神殿，在韩国彦阳圣母石窟，在委内瑞拉圣母省思堂。绝望之人在这些朝拜圣地会抬眼望着圣母，点上蜡烛，口念祷告词，讲述自己的悲苦，作为倾诉对象的这位女性不仅是赎罪者之母，而且是整个教会等于也是全体教友之母。

从一个极端理性的角度看，对圣母马利亚的崇拜似乎正好体现了宗教最幼稚可笑、最没有头脑的一面。一个有理智的成年人怎么可能去信任一个生活在数千年以前的妇女呢，再说有没有这个人也尚有疑问呢。更有甚者，尽管人们相信这位妇人拥有纯洁无瑕的心灵、舍身忘我的慈爱、无穷无尽的耐心，但又凭什么去从这种假定的信念中获得宽慰呢？

此类质问中的核心观点确实难以辩驳，可是这样提出问题本身就不对。关键问题并不是圣母是否存在，而是如此众多的基督教徒在以往两千年里都感到有必要造出一个圣母，这向我们传达了有关人性的什么信息？我们的重点应当聚焦于：圣母马利亚揭示了我们感情需求方面的什么东西，特别是，当我们失去信仰时，这样的感情需求又会得到如何的安置？

从最宽泛的意义上说，对圣母马利亚的崇拜说明，纵然我们拥有成年人的推理能力，也纵然我们肩负着责任并且占有着社会

五　温情　　　　　　　　　　　Alain de Botton

158.

"我理解"：乔凡尼·巴蒂斯塔·萨尔维，《哀伤的圣母》，约1650年。

无神论者 写给

Religion for Atheists

159.

向圣母祈祷，立陶宛维尔纽斯。

五 温情

160.

地位，但孩子般的需求依然顽固地留存在我们的心智中。在生命的很长时段里，我们固然可以相信自身成熟可靠，可是，我们绝不可能成功地让自己彻底摆脱某些灾难性变故，须知，这些变故会扫除我们理性思考的能力，会消解我们逢凶顺变的勇气和智慧，会将我们打回到原始的无依无靠状态。

遇到这样的时刻，我们会期盼得到他人的扶持和鼓励，就好像几十年前曾得到充满爱心的大人的帮扶一样。当时给予关怀的人最有可能是我们的母亲，一位曾让我们感到自己身体得到保护的人。妈妈会抚摸着我们的头发，以慈爱温柔的目光看着我们，也许不会讲太多，不过是非常轻柔地喃喃"当然啦"。

尽管成人社会一般不会提起这样的心理期盼，但宗教的一大成就便是，知道如何去扶正这种心理期盼并任其得到合理的表达。基督教中的马利亚、古埃及的伊希斯[1]、希腊的得墨忒耳[2]、罗马的维纳斯、中国的观世音都发挥着某种回味幼年温情的桥梁作用。她们的塑像往往矗立于如同子宫般的昏暗空间，面部传达出慈悲为怀和扶危济困的神情，鼓励我们在其身旁坐下、倾诉并哭泣。这些女神彼此间具有太多的相似点，相信这不会纯属偶然。我们面前的此等人像并非从同一个文化背景演化而来，但她们为了满足人类心灵中的普遍需求而殊途同归。

---

[1] Isis，古代埃及司生育和繁殖的女神。——编者
[2] Demeter，希腊农事和丰产女神，婚姻和女性的庇护者。——编者

无神论者写给

Religion for Atheists

161.

观音像，中国海南岛。

162.

中国的佛教徒朝拜观世音，其动因跟天主教徒敬拜马利亚可谓一模一样。观音也有慈祥的眼神，也能启示他人另辟生路，不要自暴自弃。在遍及中国的寺庙和室外广场，成年人愿意屈身跪倒在观音面前，她的目光往往令人情不自禁地想哭。这时候动情哭泣倒不是缘于处境艰难，而是感到终于遇上大慈大悲，找到了一个让长时间默默压制的悲伤得以宣泄的机会。观世音与马利亚一样，知道成年后哪怕只想过上差强人意的生活也谈何容易。

3

与宗教相对照，无神论似乎惯于对我们的心理需求持一种冷漠的不耐烦态度。在它看来，崇拜马利亚，其深层所反映出的对慰藉的渴望似乎是种危险的倒退，与无神论者引以为豪的理性生活原则格格不入，马利亚及其同类实际上折射出成年人应当尽快摆脱的某些病态欲念。

在其咄咄逼人、好勇斗狠之时，无神论攻击宗教有意无视自身的真实动机，不愿意承认自己本质上只是在堂而皇之地迎合常人儿童般的心理渴求，其所作所为不过是将此种心理需求梳妆打扮一番、改头换面一通，然后再提升到天国的高度。

这样的指控可以说不无道理。问题是，指控者本身也经常在否认，他们否认的则是儿童般的需求。无神论者一方面猛烈攻击信教者因为个人弱点而终于接受了超自然的迷信，另一方面可能

我们受到触动并得到慰藉，因为这既是我们又不是我们：乔凡尼·贝利尼，《圣母子》，1480 年。

164.

忽略了作为普天下生灵必然特征的个性弱点。他们可能给某些特定的需求贴上"幼稚"的标签，但这些需求实应作为较普遍的人性而加以尊重，毕竟如果不能充分地处置幼稚的一面，便谈不上真正的成熟，而且，要说成人不巴望自己时不时也被当作孩子来安慰一番，根本就不存在这样的成人。

一个人能够接受自己对外部力量的依赖，在基督教看来，这是道德与精神健全的标志。只有骄傲者和虚荣者才会矢口否认自己的虚弱，诚恳的人总能够毫无愧色地公开承认，自己也有时候靠在大型木制圣母的脚边流过眼泪，况且他们还以此来证明自己的信仰。对马利亚的崇拜将虚弱锻造为一种美德，并因此修正了我们惯于把成人与孩子一刀两断的非此即彼态度。与此同时，基督教在调节我们的需求时做得得体而审慎。它允许我们分享母性的抚慰，但不会强迫我们去直面本人对真实母亲挥之不去、无法摆脱的欲求。基督教不会提及我们自己的母亲，它不过是提供了某种想象的快乐，使我们重返孩提时代，再次沐浴在一位世界之母的悉心关爱中。

4

要说基督教的方法有什么问题，那就是它太成功了。对慰藉的需求已被过分地与对马利亚的需求挂钩在一起，乃至人们不再严格地考察其实际内涵。事实上，对慰藉的需求是一种永恒的欲念，在福音传报之前早已存在，在最早的地下洞穴里，当妈妈在黑暗和寒冷中把第一个孩子抱起来百般呵护时，它就在那一刻升起了。

有时候没有体贴入微的母亲，也没有关怀备至的父亲，致使我们的一切无法安顿得井井有条，然而，不能以此为由而否认，我们多么强烈地希望能有这样的父母。在某些危难时刻，我们深陷绝境、忧心忡忡，慌乱地喊叫，请求他人帮助，哪怕我们本人明显不再指望任何东西，哪怕自己的母亲早已去世，哪怕自己的父亲坐视不管并铁石心肠，也哪怕在这个世界上我们占着一个应当担责的成年人的位置。纵然如此，宗教教导我们，在这样的危难时刻，我们应该对自己展示温情和善意。

天主教的例子显示，艺术和建筑在这样的时刻能够发挥一定的作用。一般在教堂、博物馆以及其他各类朝拜场所那些安静、幽暗的隐秘处，会有父母深情地将脸转向孩子的画面。正是借助观摩这些充满亲情的画面，我们才体会到自己身上的某些原始需求正在得到回应，内心平衡也由此得到一定程度的恢复。

假如我们的世俗艺术家们能够不时创作一些以父母关爱为中心主题的艺术品，而且假如建筑师不管是在博物馆还是（放胆而言）在新的"温情庙堂"里设计出某些空间，让我们能够置身朦胧的环境并仔细端详这些新作品，那一定会有所裨益。

马利亚崇拜敢于向全体无神论者包括其中最固执己见者进言，你们自己在内心也难免虚弱之处和非理性之时，通过调适个

166.

人情绪中不够成熟、永难完美的侧面,你们或许能够学着帮助自己摆脱某些阴郁情绪。

在拒斥迷信时,我们理当谨慎从事,不应贪图一时之快,忽视了那些往往不那么体面的心理渴求。要知道,宗教倒是非常成功地体察了这些渴求,并且不失庄严地化解着这些渴求。

无神论者写给

Religion for Atheists

167.

成人生活必然意味着某些时刻,因理性虚弱无力我们只能往回倒退。世俗"温情庙堂"背景中,有玛丽·卡萨特1893年的油画《孩子洗澡》。

六　悲悯

1

基督教在自己的历程中，花了大部分时间来强调人间暗淡的一面。然而，即使在这一阴郁的传统中，法国哲学家布莱兹·帕斯卡[1]依然以其别树一帜、彻底无情的悲观主义而独领风骚。在其写于1658—1662年间的《思想录》中，帕斯卡不失时机地向读者证明，人类本性绝对异常、无比可怜、毫不足取。他以魅力十足的古典法文告诉我们，幸福是一种幻觉（"任何人若看不清这个世界的虚伪，那他自己就十分虚伪"）；苦难是一种常态（"假如我们的处境真的美妙，那又何必回避对该问题的思考"）；真爱是一种妄想（"人心是多么的空虚和肮脏"）；我们贪图虚荣又敏感易怒（"鸡毛蒜皮会给我们安慰，毕竟鸡毛蒜皮会让我们烦恼"）；即使最强健者也会被众人易感的无数疾病逼入绝境（"苍蝇强大无比，足可麻痹我们的头脑并且吃掉我们的身体"）；一切人间的制度都必然腐败（"凡人必有弱点，天下没有再浅显的道理"）；我们极其荒谬地惯于夸大自身的重要性（"有那么多王国居然对我们一无所知！"）。基于如此这般的情形，帕斯卡建议，我们能做的最

六 悲悯

172.

好事情不过是直面自身处境中的绝望事实:"人之伟大在于知晓自身之悲惨。"

有鉴于上述笔调,人们颇为惊异地发现,阅读帕斯卡并不像事先以为的那样是种令人郁闷的经历。他的作品还是能够给人慰藉、暖人心田,有时甚至引人开怀大笑。虽然他的书刻意要将人的最后一丝希望辗得粉碎,但不无矛盾的是,对于那些徘徊在绝望边缘的人而言,实在找不出一本更好的书可以一读。比起任何一册用甜言蜜语吹捧人心之美、吹捧积极思维或实现潜能的书籍,《思想录》拥有强大得多的力量,足可哄劝轻生者回心转意、悬崖勒马。

如果说帕斯卡的悲观主义能给人有效安慰的话,那可能是因为我们跌入郁闷沮丧的境地往往不是缘于消极负面,反倒是缘于积极的希望。正是希望,即对个人事业发展、爱情生活、孩子成长,乃至政治领袖、地球环境寄予林林总总的期望,才是令我们恼怒、令我们苦痛的罪魁祸首。一方面是志存高远、盼望热切,另一方面却是处境卑微、现实困顿,如此的云泥之别和格格不入定会生发强烈的失望情绪,折磨着我们的日日夜夜,也会在我们的脸上刻满愤世嫉俗的皱纹。

正因如此,当终于遇上一位作者,他大大方方地向我们确

---

1 Pascal,生于 1623 年,法国数学家、物理学家、哲学家。其在科学技术、人文学科多方面取得了不朽成就。——编者

认，对人性幽暗的见解根本不是别出心裁、见不得人，倒是人类现实中司空见惯、不可避免的部分事实，可以想象，我们自会如释重负，并转而迸发出阵阵会心大笑。原先我们还深感恐惧，唯恐自己是唯一感到焦虑、无聊、嫉妒、残酷、变态、自恋的人，而今却无比欣喜地发现，此种感受完全站不住脚，由此反倒立足并笑纳黑暗的现实，开辟出喜出望外的生活机会。

我们应该敬重帕斯卡，也敬重与他为伍的一系列基督教悲天悯人者。他们开诚布公而又不失优雅地展示了我等罪孽深重、需要怜悯的生存状态，实为我们做了一件功德无量的大好事。

2

现代世界并不会认同上述姿态，这是因为，该世界一个最大的特征，当然也是一个最大的缺陷，便在于它的乐观主义。

世俗世界当然也有偶尔的慌乱时刻，那往往与市场危机、战争爆发或者瘟疫流行相关联，但它总体上倾心信奉所谓不断进步的传说故事，简直到了非理性的地步。这一信条立足于科学、技术、商业之上，现代世界将这三大变革动力奉为当代救世主。18世纪中期以来的物质进步的确令人瞩目，人类的舒适、安全、财富、力量也都有了一日千里的提高。这一点彻底打击了我们原来悲观阅世的能力，可也因此决定性地削弱了我们保持清醒、知足感恩的能力。当你目睹了遗传密码的破解、移动电话的问世、西

174.

方式超市在中国偏僻角落的开张、哈勃天文望远镜的发射,你就无法再心平气和地估测,生活将还可能给我们带来什么。

然而,尽管几个世纪以来人类的科学和经济发展轨迹不可否认地指向一种明确往上的趋势,但人类并不等于我们个体。作为个人,我们谁也不能单纯地生活在遗传学或者电信领域前所未有的进展之中,哪怕它们给这个时代赋予了独特的乐观幻象。热水澡和电脑芯片唾手可得,我们固然会从中获得某些好处,但我们的生活若与中世纪的先辈们相比,照样遭遇着意外的事故、梦想的破灭、断肠的伤心、难忍的嫉妒、无名的忧虑,以及无可避免的死亡。可是,我们的先人们至少有个活在宗教时代的优势,因为宗教永远也不会向众人夸下不当海口,说幸福会永生永世在当下的世界上落户安家。

3

基督教就其本身而言,并不是一套不给人希望的体制。只是它掌握了较好的分寸,把希望牢牢地扎根在来世,扎根在此岸世界之外遥远的道德完善和物质完美之上。

既然希望被定格在遥不可及的彼岸天际,教会便能对现实世界秉持一种目光特别清醒、不会感情用事的态度。宗教不会假言声称,政治总能够创立完美的正义;一切婚姻都会风平浪静、和谐美满;金钱必然会带来安全;朋友会对你绝对忠诚;以及统而

我们情愿明智地将至善至美完全托付给另一世界：小扬·勃鲁盖尔，《乐园》，约1620年。

176.

言之，天堂般的耶路撒冷能够建立在这片平凡的土地上。基于自己天性腐败的残酷事实，我们究竟有多大的机会来完善自身并提升世界呢？对此问题，宗教自创立以来一直保持了一种颇为有用的冷静持重态度，世俗社会反倒过分地自作多情，毫不淡定地轻信俗见并转而巧言许诺。

在历史的目前时刻，世俗人士比起宗教人士要乐观很多。这一点颇具讽刺意味，毕竟无神论者一直在嘲笑宗教信众显而易见的幼稚和轻信。世俗世界如此强烈地渴求尽善尽美，以致财富增长和医学研究才过了没几个年头，它便想入非非，真以为在此俗世人间可以建起天堂。世俗人士一方面粗暴地拒绝人们对天使的崇奉，另一方面却又真诚地相信，国际货币基金组织、医学研究机构、硅谷科技、民主政治加到一起，会有能力来共同治愈人类的万千沉疴。他们似乎没有明显意识到自己逻辑中的自相矛盾。

4

正是我们当中最雄心勃勃、最风风火火的那些人，最最需要借助宗教来浇灭其心中牛气冲天的热望，宗教尝试的在黑暗中没头浸泡的方法正好适用于他们。对于世俗的美国人而言，这尤其是个当务之急，他们恐怕是地球上最急功近利而又最易感到失望的一群人，国家向他们灌输了最极端的希望，信誓旦旦地保证大家能从工作生涯和人际关系中取得如此这般的东西。我们不该再以为宗教的悲天悯人单单只应属于宗教，或者必须建立在天主救赎的希望之上。即使我们在自己的生活中奉行无神论的基本准则，即相信此岸世界是我们所知的唯一世界，我们也仍然应当努力采纳彼岸天堂的信奉者所具有的敏锐视角。

5

新的宗教悲观主义理念所蕴含的益处将会特别明显地体现在婚姻中，婚姻早已成现代社会制度安排中最充满悲伤的领域之一。世俗世界断言，人们主要是为了幸福的缘故才进入婚姻殿堂，而此种令人瞠目结舌的论断更让婚姻制度不必要地雪上加霜。

基督教婚姻和犹太教婚姻虽然并非总是喜笑颜开，但至少可以免除一种次等的悲哀，这种悲哀来自一个错误的印象，好像婚姻双方稍有怨气就意味着有问题或者没道理。基督教和犹太教不会把婚姻当作纯由主观热情所促成并主导的一种结合状态，它们会更加低调地将其视为某种机制，个体能够借此在社会中承担起成年人的责任，并因此在一位亲密朋友的帮助下，借助神圣的指导，着手培养和教育下一代。这些相对放低的期望一般有助于摆脱世俗婚姻中常见的那种疑虑，在世俗婚姻中，伴侣双方总以为在本婚姻之外，或许本来还会有更加浓烈、更加纯洁、矛盾较少的结合可能。在宗教的理想中，摩擦、争执、腻烦并不表示出现了错误，它们不过是生活按部就班往前推进的正常现象。

六 悲悯   Alain de Botton

178.

宗教知趣地创造条件,引导我们去崇拜天使并且宽容爱人。

纵然在这方面态度朴实无华，宗教还是认识到我们心中存在热烈崇拜的欲望。它们知道我们需要信奉他人、膜拜他人、侍候他人，并在他人身上找寻我们本人所缺乏的至善至美。不过，宗教坚持认为，这些崇拜对象任何时候都应当是神而不是人。因此，宗教向我们分派了永远朝气蓬勃、楚楚动人、德高望重的神灵来牧守我们的生活，同时日复一日地提醒我们，人类相对而言还是无品位、有缺陷的动物，需要给予宽恕和耐心，而这个细节很容易淹没在婚后一浪高过一浪的吵闹声中。在大多数的世俗争吵中，实际上总是埋伏着一个情绪激烈的问题："你怎么就不能更加完美些？"各路宗教则努力阻止我们把自己破碎的梦想扔向对方，它们知趣地创造条件，引导我们去崇拜天使并且宽容爱人。

6

悲观主义的世界观并不必然意味着生活将被剥去欢乐。悲天悯人者能够比其对立面拥有大得多的赞赏能力，因为，他们从来不会期望事情有什么太好的结果，故此每当偶尔有微小的成就划破其暗淡无光的视野时，他们可能会惊羡无比。相形之下，现代世俗乐观主义者由于其强烈的一切皆理所当然的心态，一般难以细细品味日常生活中的任何灵光闪现，更何况他们还在忙着建设人间乐园呢。

一旦接受这个观点，即生存从来就是令人沮丧的、我们永远

180.

被骇人的现实所包围,那么我们便有更大的动力稍微更加经常地说声"谢谢"。很能说明问题的是,世俗社会并不精通感恩的艺术,我们再也不会对农业收成、一日三餐、蜜蜂飞舞、风调雨顺表达感激之情。表面看来,我们也许觉得这是因为不存在一个道谢的对象,可是,从根本上说,这似乎更是一个涉及抱负与期望的问题。虔诚而悲悯的先人们由衷感激种种恩赐,如今我们则自豪地以为这些东西得自于我们自身的努力,拥有它们自是理所当然。我们在问,真有那个必要专门设定一个感恩时刻,去敬重一次日落或者一个杏子吗?难道没有我们值得瞄准的更加崇高的目标吗?

公理会犹太《公祷书》为了引导我们养成一种相反的谦恭态度,给"一年中首次享用每种时令水果"的场合准备了一段祷告词,也给得到"价值不菲的新衣服"准备了另一段。祷告书中甚至还包括了一段祷文,专门用来赞美人类消化系统的精密性:"感谢主,宇宙之王!你赐予人智慧,还创造了他身上的诸多入口和腔肠。借着主的荣光可知,一旦这些器官破裂或梗阻,人便无法生存,也无法站到主的面前。感谢主啊,你是一切肉身的护卫者,你是一切奇迹的创造者。"

7

宗教明智地认定,我们都是先天就有缺陷的动物,无法持久地拥有幸福,受困于蠢蠢欲动的性欲,汲汲于名利地位,容易遭

无神论者写给

Religion for Atheists

181.

哭墙，耶路撒冷。

182.

受惊天事故的打击，无时无刻不在逐步迈向死亡。

当然，宗教在许多情况下也相信，存在着神灵帮助我们的可能。绝望与希望如此融为一体，尤可清晰地见于耶路撒冷的西墙或称哭墙。自从 16 世纪下半叶以来，犹太人每每聚集在哭墙那里，表达心中的悲伤，并且祈求造物主的恩典。在哭墙底部，人们把自己的悲情写在小纸片上，然后塞到石头缝隙中，企盼上帝会为其痛苦而动容而悲悯。

如果将上帝从这个方程式中去除，那我们还能留下什么呢？难道要让咆哮的人们徒劳地对着空洞的苍天喊叫吗？那是可悲可叹的，不过，假如我们要从此等凄惨中抢救出一丝安慰的话，至少应该让垂头丧气的人们在一起哭泣吧。太多的时候，人们不过是夜深时分躺在床上，为看来独让自己倒霉的伤心事而惊恐落泪，这样的情景却不可能出现在哭墙。在这里，显而易见，身处凄凉悲惨境地的是整个族群。哭墙为我们本来只能在心中默默承受的苦痛提供了一个得以暴露的集中场所，暴露之下可见，个人的苦痛不过是茫茫苦海中的沧海一粟而已。这让我们再次看到灾难的无边无涯，也一定会修正当代文化无意之间作出的乐观判断。

在城市大街上方高悬的牛仔裤和电脑广告中，我们应当竖立电子版的哭墙，那将会默默地放送我们的内心苦痛，并因此使我们更加清晰地感觉到活在世上究竟意味着什么。耶路撒冷的哭墙把一切人间苦难留给上帝的眼睛去注视，假如电子哭墙也能让我们管窥到上帝之所见：他人生活不幸的原委、令人心碎的细节、梦想的破灭、性爱的惨败、虎视眈眈的对峙、一败涂地的破产，那么，电子哭墙通过传输这些通常隐藏在冷淡外表之后的真相，一定能够给人以特别的慰藉。这样的哭墙将提供令人宽心的证据，使我们看到，其他人也在为自己的荒唐言行所困扰，也在细数本人行将就木前的可怜岁月，也在为十年前弃我而去的某个人黯然神伤，也因为本人的愚蠢行为和沉不住气而在自毁成功的前景。在这些场合，不会提供现成的解决方案，不会就此而终结苦难，只有一个基本的却又无比抚慰人心的举措，即公开承认，就遭遇烦恼和悲痛而言，我们大家谁也不是例外。

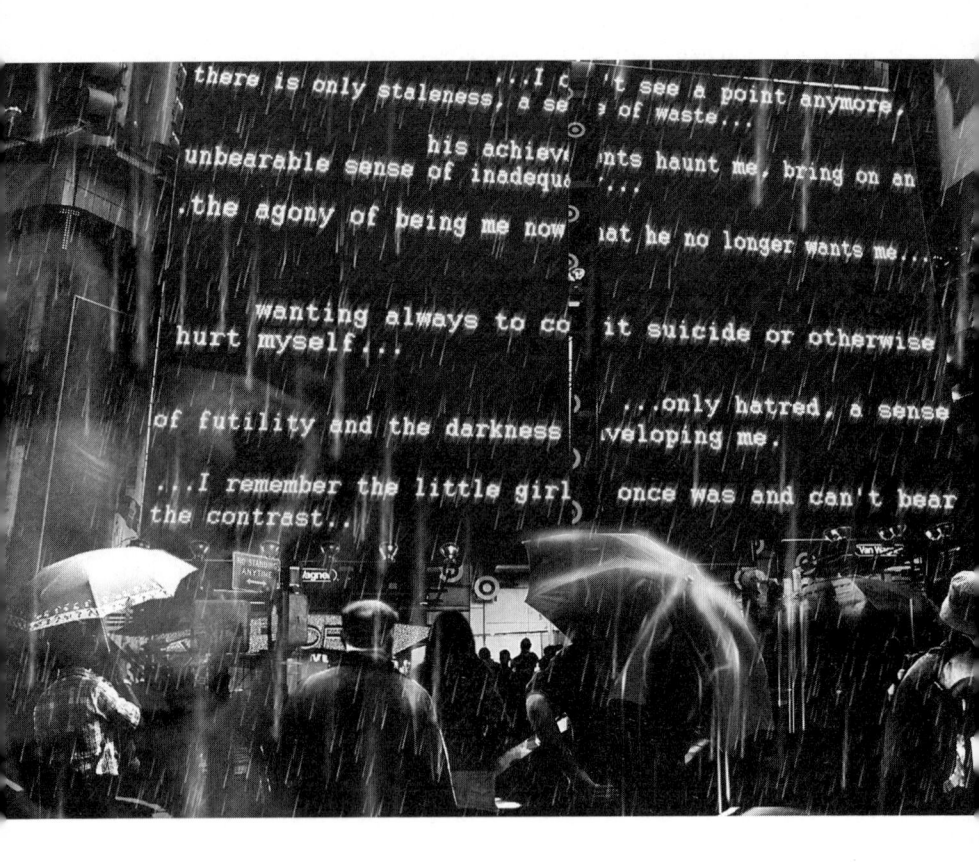

六　悲悯　　　　　　　　　　　　　　Alain de Botton

184.

最严重的问题没有解决方案，但如果我们能抛弃幻觉，不再以为自己被单独挑出来加以惩罚，那也总会有所帮助。

七 视角

1

对无神论者而言,《旧约》中最能给人宽慰的篇章之一应当是《约伯记》,该篇所关心的主题是,为什么坏事会发生到好人头上。值得玩味的是,就这一问题,该篇拒绝提供立于信仰基础上的简单答案。相反,它提示道,我们这些人无法知道为什么事情按照既有的方式发生;我们也不应该总是把痛苦解读为惩罚;我们应当提醒自己,我等生活在一个充满神秘的宇宙中,个人的荣辱沉浮诚可谓无足轻重,特别是如果拉远视角来看问题,更可意识到,一己际遇简直不足挂齿。

《约伯记》开篇就向我们介绍了名字用于篇名的这位英雄,他来自名叫乌斯的地方,上帝对他青睐有加、关怀备至。我们初见他时,约伯正住在一所大房子里,品行端正、心满意足。他共有七个儿子、三个女儿、七千头羊、三千头骆驼、五百对牛、五百头驴。然后,就在一天之间,一系列天翻地覆的大灾难降临到他、家人,还有牲口的头上。先是一队强暴的示巴人带走了牛和驴,再是狂风大雨、雷电交加,全部羊群遭雷击而亡,后来,

188.

邻近部落的迦勒底人偷走了骆驼,而最糟糕的是,一阵飓风从沙漠吹来,摧毁了约伯大儿子的房屋,砸死了这位年轻人及其在屋里聚餐的九个兄弟姐妹。

好像这些磨难还不够似的,约伯的身上开始长满无名毒疮,稍作动弹便会锥心刺骨。绝望的约伯坐在废墟上,用一块瓦片刮着自己的皮肤,在恐怖和悲愤中,他问上帝为何本人会遭遇如此一连串的倒霉事。

约伯的朋友们认为他们知道答案:约伯一定犯有罪孽。书亚人比勒达相信,如果约伯的孩子以及约伯自己没做什么错而又错的事情,上帝是不会惩罚他们的。比勒达吐露了心中的真言:"神必不丢弃仁义之人。"拿玛人琐法则进而暗示,因为上帝总是宽恕多于惩处,所以约伯的罪行一定可怕极了,何况上帝一路待他不薄呀。

不过,约伯不接受这些解释,称之为"炉灰的道理"和"淤泥的辩词",他知道自己没有犯罪。可是,为什么会遭此不幸呢?为什么上帝抛弃了他?上帝究竟存不存在?

最后,这几个人又争论了好一阵子后,耶和华自己不得不出来回答约伯的问题。随着一股旋风刮过沙漠,勃然大怒的上帝雷鸣般地发话:"谁用无知的言语使我的旨意暗昧不明?你要如勇士束腰,我问你……我立大地根基的时候,你在哪里呢?你若有聪明,只管说吧……光亮从何路分开?东风从何路分散遍地?……冰出于谁的胎?天上的霜是谁生的呢?……你知道天的定例吗？……鹰雀飞翔，岂是藉你的智慧吗？……你能用鱼钩钓上海怪吗？"

就这样，约伯对于上帝的存在及其伦理意图所提出的直接挑战得到了一个间接的回应，在该回应中，神主长篇大论列数人类的无知。他质问，人类终究是脆弱和狭隘的动物，怎么可能理解上帝的做法呢？而且，由于自己的无知，人类有何权利使用"不应得"和"不配当"这样的字眼呢？银河系中有万万千千的东西人类无法恰当地解释，岂能将自己漏洞百出的逻辑强加给宇宙？宇宙并非人类创造，也非人类掌控或拥有，哪怕有时候他们自以为是。上帝努力要让约伯关注大自然的浩瀚广袤和多姿多彩，不要沉湎于一己生活中的个人事件。他唤起了一种宽广的视野，让人注意到总体的生存状态，从大地的根基到星辰的轨道，从雄鹰展翅飞翔的高度到野山羊分娩的痛苦，为的是向这个来自乌斯的男人灌输一种救赎自己的敬畏之心。

该策略奏效了，约伯经提醒，看到了诸多在规模上大大超过自己的东西，也意识到了宇宙之悠长、庞大和神秘。上帝的旋风，加上他说出的洪亮、庄严的话语，在听者心中激发起令人欣喜的畏惧，让人体察到，与万古不朽的永恒存在相比，人类的灾难是何等的微不足道。这使约伯，当然也使我们大家，稍微更加情愿地向每一个体生命中所包含的不可理喻、含义莫辨的悲剧低下我们的头颅。

2

在约伯领受上帝教训之后几千年，另一个犹太人本尼狄克特·德·斯宾诺莎着手用世俗的语言重新表达了同样的主张。

斯宾诺莎不赞成人形上帝的观念，并不相信有个如人一般的超级生命栖身于云端，能够从山巅向追随者发号施令。在他看来，"上帝"是一个科学性术语，用来指称曾经创造了宇宙的那种力量，那种第一推动力，或者用这位哲学家偏爱的术语，就是那种"自因"。

这样的上帝是一种哲学建构，它给斯宾诺莎平添了不小的慰藉。在神情沮丧和灾难降临的时刻，哲学家会建议自己采纳宇宙的视角，对局面进行重新审视，按其本人那个著名的抒情说法，即"在永恒的相下"[1]看问题。当时的新技术令斯宾诺莎兴味盎然，尤其是望远镜及其所带来的对于其他星球的知识更令他心驰神往。于是，他建议我们利用自己的想象力走出自我的藩篱，尝试着使自己的意志屈从于宇宙的法则，不管这些法则可能与我们的意图显得多么的格格不入。

走到这一步，则我们离上帝给约伯的忠告就不远了。上帝的建议是，不要强调自己多么重要，受了多少委屈，从而一心想要改变个人的屈辱，我们应该努力去理解并且欣赏自己本质上的微

---

[1] 作者此处用拉丁文"*sub specie aeternitatis*"表示。——编者

不足道。在一个无上帝的社会里,生活中的巨大危险在于,它缺乏对超然存在的提醒,因此,一旦遇到扫兴的事情乃至最终的毁灭,我们难免手足无措。既然上帝已死,人类便增加了站到心理舞台中央的风险,而这点对人类恰恰是有害的。人类想象着自己是自身命运的主宰,于是乎践踏大自然,忘却大地的节律,否定死亡,不愿敬重自己抓不到手中的一切东西,直到最终在锋利的现实面前撞个头破血流。

我们的世俗社会缺少那些礼仪规制,它们本可以和善地把我们放到恰如其分的位置。如今,世俗社会却别有用心地诱使大家将当下视为历史的巅峰,将人类的成就当作衡量一切的尺度。正是此等轻狂让我们陷入了贪婪和焦虑的无底漩涡之中。

3

特别应当看到,宗教是一种象征,象征着那些超越我们的东西,宗教也是一种教育,教育着人们,能看到自己的微不足道是大有裨益的。宗教天生同情能让我们放弃狭隘自我的那种种东西:冰川、海洋、微生命形态、新生的婴儿、弥尔顿《失乐园》中铿锵有力的语言("铺天盖地的烈火,如滔天洪水,若席卷狂风……")。因为某种更庞大、更古老、更美妙的东西而让我们回归自己应有的位置,这不是一种屈辱,应视作一种解脱,可使我们摆脱对自己生活不切实际的勃勃野心。

192.

宗教比哲学更加急切地理解到，只在书本中谈论这些想法是不够的。当然，最理想的局面是，我们大家，不管是宗教信众还是无神论者，任何时候都能"在永恒的相下"看问题。不过，除非有人坚定地、持续地提醒我们这样做，否则，我们几乎一定难以坚守超然处世的习惯。

在宗教诸多精明的做法中，有一点就是按时提醒大家超越小我，比如在晨祷时刻，在礼拜时分，在收成节庆，在洗礼仪式，在犹太教赎罪日，在基督教棕枝节。世俗世界就缺少相应的四时八节，无法激励我们富有想象地走出俗世围城，去按照更宏大、更广袤的宇宙尺度来校准自己的生活。

如果这样一个再校准过程能够提供一个切入点，使得无神论者和宗教信众都能介入并沟通，这个切入点可能就是《约伯记》和斯宾诺莎的《伦理学》都提及的那个自然要素：天上的日月星辰。正是通过仰望并且思索天空中的星星，世俗中的人们才最可能体察那种救赎自己的敬畏之心。

科学机构专门负责为大家解释星相，不无近视的是，它们似乎很少意识到其研究对象所包含的治疗性价值。太空研究机构用严格的科学语言告诉我们天体的特质与轨道，但几乎没有把天文学当作智慧的源泉或者救治苦难的可能药方。

科学对我们有意义，不仅因为它帮助我们控制了这个世界的某些部分，而且因为它展现了我们永不可能掌控的东西。因此，正如宗教信众时时心念上帝一样，我们也完全应该日日沉思单单一光年便包含的九万五千亿公里，天天冥想银河系中最大已知天体的无比光亮——这颗最大的"船底座伊塔星"距离我们有七千五百光年，比太阳大四百倍，亮度则是太阳的四百万倍。我们应当在月历牌上标出一些节庆活动，以便敬畏一下大犬座VY，这是一颗位于大犬座的红色超巨星，距离地球五千光年，比太阳要大两千一百倍。待夜幕降临，也许是在要闻报道之后、在明星大考场之前，我们可以沉默一会儿，借以默念一下我们这一银河系中的两千亿至四千亿颗星球，还有一千亿个星系，以及宇宙中3×10^{42}颗各类星球。不管这些星辰对科学有什么价值，它们作为矫治人类妄自尊大、自哀自怜、莫名焦虑等病症的药石，对我们的价值最终也不会小。

人类需要通过自己的感官来反复地与超凡世界建立联系。为回应这一需要，我们应当强调，在公共场所赫然矗立的全部电视屏幕中，必须有一定的比例专门用来现场直播太空望远镜的转发器所放送的画面。

可以保证，届时播放的星系画面，将能不断地扫除或缓解我们的灰心丧气、伤心绝望、因他人没打来电话而升起的怨恨、因自己错失良机而生发的懊恼。这些星系例如螺旋星系M101，该螺旋结构体坐落于大熊座左下角，距离地球两千三百万光年。它们浑然不觉我们身上的形形色色，只是壮丽地存在着；它们全然不察我们内心的所忧所虑，却仍能抚慰我们的灵魂。

七　视角 Alain de Botton

194.

伦敦皮卡迪利广场，M101星系，属于大熊座的一部分，由哈勃太空望远镜传回。

无神论者写给 | Religion for Atheists

195.

八　艺术

1

对部分无神论者而言，放弃宗教最难的一点是不得不放弃与宗教相随的艺术及其所包含的美丽与情感。然而，假如你当着众多无神论者的面表示此种遗憾，恐怕会被斥责为多愁善感、怀古恋旧。有人还会不留情面地提醒道，世俗社会无论如何也已形成了自己的艺术，它完全可以有效地满足曾经由宗教所满足的审美要求。

这些无神论者可能还会指出，在那些不再修建教堂的地方，我们甚至会建造一些宏伟的建筑，用以礼赞自己的视觉理想。为了得到设计这些建筑的机会，最优秀的建筑师竞相角逐。此类建筑物占据了城市最显赫的位置，吸引世界各地的崇拜者前来朝圣。一旦踏入这些令人肃然起敬的艺术殿堂，人们讲话的声音都会不由自主地降低为窃窃私语。因此，人家通常这样打比方，说艺术博物馆已成为我们新的教堂。

这一观点的合理性一望而知也的确有说服力，二者的相似之处看来也无可辩驳。博物馆如同教堂，享有独一无二的地位，我

200.

们会带上一批外来访客去那里,向其展示最赏心悦目、最值得敬重的东西。与教堂一样,博物馆也是富人最愿意捐献多余资财的对象,他们捐资时希望能够洗净自己在财富积累过程中可能犯下的罪孽。还有,花在博物馆的时间似乎也能给人参加教堂礼拜才有的那种心理感受,我们体验到一种类似的快意,感到自己与某种伟大的东西融为一体,并且脱离了外面那个粗俗不堪、远非完美的世界。有时候我们也许会像在教堂一样稍感无聊,但是出来时总有种感受,觉得自己通过诸多说不清道不明的机制,多多少少已经变成了更加完善的人。

博物馆与大学类似,也承诺要填补因宗教信仰退却而留下的空白,它们也摆出一副要向我们提供意义但不提供迷信的架势。就如世俗的书本曾保证说有望替代福音书,博物馆据说也能接过教堂的审美职责。

2

不管这样的论点多么能哄人开心,它还是存在一些漏洞,一如那个关于在大学里传授文化的主张。单从理论上讲,博物馆或许有条件去满足以前曾由宗教所关注的那些需求,但跟大学颇相类似的是,由于它未能处理好受托管理的那些珍贵材料,故而在实践中根本就没有发挥出大部分潜力。博物馆虽然向我们展示了确有价值的藏品,但似乎无法充分地将这些展品与我们的心灵需求挂钩起来。太多太多的时候，我们可能是在通过不恰当的画框观摩恰当的画作。不过，如果我们还能保持一分乐观的话，那也跟博物馆和大学之间的另一个相似点有关，即这两类机构都有可能借助宗教的洞见，重新审视自己不大站得住脚的一些基本前提。

现代博物馆显然特别难于回答一个根本问题：艺术到底有什么用？一方面，博物馆会大肆叫嚷艺术的意义，俾以全力争取政府、捐款人、参观者的支持，但另一方面，对于所称意义究竟应当立足于什么基础，博物馆随后却会陷入某种怪异的、制度性的失语状态。此种情况下，我们往往以为，自己一定没有全部听到博物馆所提主张背后某些关键的推理环节，但实际上，博物馆从来就没有向公众交代过，它一直不过在同义反复地嚷嚷：艺术对我们有意义，因为艺术太重要了。

因此，我们在走进艺术殿堂时，往往会满腹狐疑（当然必定是不成系统地怀疑），我们到里面后究竟应该干什么。据说，无论如何，我们决不应该以宗教的方式对待艺术品，特别是当它们事实上多为源自宗教的作品时，更要谨防欣赏过程中的宗教心态。现代博物馆并非参观者在曾经的圣物面前屈膝跪拜的地方，哪里用得着哭诉并乞求心理安慰和精神指南呢？在许多国家，博物馆从成立之初便是明确的世俗新场所，宗教艺术在这里已被剥去原先的神学背景，尽管这一点有违宗教艺术创作者的初衷。并非巧合的是，在1792年革命政权统治的法国，在宣布国家政权正式脱离天主教会之后仅仅三天，卢浮宫便开始成为该国首个国家博物

八 艺术　　　　　　　　　　　　　　　　Alain de Botton

202.

当不能向她祈祷时我们应当对她做些什么？《圣母子》，约 1324 年，1789 年从巴黎圣德尼修道院没收而来。

很难不联想到自助餐厅：托马斯·施特鲁特摄，《1989年的伦敦，英国国家美术馆之一》。

八 艺术

204.

馆。卢浮宫的陈列馆很快便充斥了从法国各天主教堂洗劫来的物品，后来，随着拿破仑的征战，又增加了来自欧洲各地修道院和礼拜堂的物品。

对于这些我等再也不能向其祈祷倾诉的圣物，现在要我们做的就是收集它们的信息。做一个艺术"专家"，主要是了解艺术品的来龙去脉，要清楚一件物品是哪里制作的、谁花钱买下的、艺术家的父母来自哪里、此人可能有些什么艺术影响。

在卢浮宫某一中世纪展馆的陈列柜里，可以看到一尊小雕像，名为《圣母子》，是1789年从圣德尼修道院窃夺来的。在被放到博物馆之前的多个世纪，人们照例会跪在雕像面前，从圣母的同情和安详中汲取力量。然而，按其标题和目录登记可知，在现代卢浮宫眼里，面对这尊雕像我们真正需要做的就是了解它，即知道它外层镀银；马利亚一只空手拿着水晶鸢尾花；这是14世纪上半叶典型的巴黎金属制品；人物总体造型取自名为《温情圣母》的拜占庭塑像；作为半透明搪瓷品，这是年代确凿的最早的法国实物，此种工艺首先由托斯卡纳的艺人在13世纪后期开发。

不幸的是，当这一作品主要以具体信息载体的面目向我们呈现时，艺术兴味也随风飘去，对少数发烧友之外的所有人都是这样。此种索然寡味的程度，可以从德国摄影师托马斯·施特鲁特拍摄的一系列照片中窥知一二。照片上可见，游客正在参观世界上最伟大的博物馆。欣赏作品时，他们显然无法从周围环境中获得多少鉴赏上的帮助，即使认真查看作品目录，或许也只能获知

无神论者写给 | Religion for Atheists

205.

在此面前我们还能做什么?费奥纳·班纳,《一词未成》,2007年。

作品的年份和艺术家的名字而已。于是，在《天使报喜》和《钉死在十字架》面前，他们只能站着发呆，眼望着一条深红的血线沿着上帝之子肌肉发达的大腿流淌下来，或者眼望着一只鸽子盘旋在蔚蓝的天空中。看起来参观者也希望受到艺术的感化，可是，等待中的茅塞顿开好像永远也不会到来。此情此景，跟参与一场没有结果的降神会倒是十分相似。

面对当代艺术时，博物馆参观者的茫然神情只会有增无减。我们望着由巨大霓虹灯组成的二十六个字母排列；看到凝胶状的一缸水，里面有块铝板固定在马达上，正随着放大的人类心脏跳动声而来回摆动；见到粗糙的胶片上映出一名年长妇女在切苹果，还不时穿插狮子奔越热带大草原的镜头。大家心里在想，只有一个白痴或者一个极端保守的人才敢出声发问：这一切到底表达了什么意思？唯有一点很明确，不论是艺术家还是博物馆都不会帮助我们，因为墙上的文字已少到不能再少，目录也已简化到形同猜谜。若无一颗勇敢的心，量你连举手发问的胆量都没有。

3

与此相反，基督教决不会逼得大家去瞎猜艺术究竟是为了什么。它告诉我们，艺术就是一个媒介，旨在提醒人们何为重要的东西。艺术存在的意义就是要指导我们，如果希望成为清醒、善良、心智健全的人，应当崇拜什么，应当鞭挞什么。艺术是强制

艺术是理念的感性显现，关乎心灵健康。此处画面提示着爱。上：菲利皮诺·利皮，《敬拜圣婴》，15世纪80年代初。下：奥德勒·巴杜摄，《祖孙》，2008年。

八　艺术

208.

唤起记忆的一种机制，旨在提醒我们应当敬爱什么，感恩什么，回避什么，畏惧什么。

　　德国哲学家黑格尔将艺术定义为"理念的感性显现"。他表示，就观念的传达而言，艺术恰如普通的语言，唯一区别在于，艺术既诉诸理性，更诉诸感性，它特别擅长这种兼容并蓄的方式。

　　再回到本书反复提及的一个观点，人类需要艺术是因为我们太过健忘了。人既是肢体动物，也是头脑动物，故此需要艺术来刺激我们无精打采的想象力，需要用纯粹哲理表述所不能胜任的方式来激励自己。有许多最重要的理念在日常生活中被磨去棱角，令人熟视无睹，其中的真理也在漫不经心的沿用中销声匿迹。我们在思想上知道自己应该仁者爱人、宽以待人、体谅他人，可是在遇到一件伟大的艺术作品之前，这些词语都有可能已经失去其全部含义。伟大的艺术品则通过诉诸感官，会抓住我们并决不松手，直到我们完完全全地记住为何上述品性至关重要，以及社会为了自身的平衡和健全多么地需要这些品格。即使是爱这个词，单凭说理的方式，也存在着变得乏味和平庸的趋势。只有当看到一张当代照片，上面有爷爷奶奶在耐心地给孙辈喂食晚餐的苹果泥，或者看到一幅15世纪的作品，上面刻画着午睡时分的圣母和圣子，我们才会记住为何"爱"是人性的核心所在。

　　我们或许可以修改一下黑格尔的定义，使其与基督教的见解更加合拍。新的定义为：好的艺术是某些理念的感性显现，这些理念对于我们心灵的正常运作至为重要，它们决定着我等是否有

生命关键时刻艺术的作用：给死刑犯看的画板。

能力知足感恩并践行美德，可惜这些理念极其容易被人们忘却。

基督教从不担心让艺术肩负教化和疗救的使命，它自己的艺术心甘情愿地追求宣传的功能。尽管"宣传"一词已成为十分吓人的术语，历史上某些政权也利用它去追求邪恶目的并令其染上了贬义，但该词语就本义而言还是个中性概念，无非指称某种感染力而并不特指感染的方向。我们可以把宣传跟腐蚀心灵并了无品位的招贴广告联系起来，但基督教将其等同于"艺术地弘扬"，即旨在提升我们对谦逊、友谊、勇气之类品德的感受能力。

从 14 世纪到 19 世纪末，人们都知道罗马有一个兄弟会，他们会一路跟着那些行将走上绞刑架的囚犯，在其眼前摆放画有基督教故事的小纸板。这些画面通常表现十字架上的基督或圣母子，展示的目的是希望图画能在刑前最后的短促时光里给死刑犯带去安慰。恐怕难以找出一个更极端的例子，可用来说明世人对图画所具救赎能力的信仰。然而，那个兄弟会无非是在执行基督教艺术历来身体力行的使命，即从最重要的理念中挑出某些部分，在我等最困难的时刻放到我们面前，帮助我们活着，帮助我们死去。

4

这些重要理念中，对基督教而言，没有哪个比受难这一概念放在更高的位置。在宗教眼里，我们天生就是易受伤害的动物，个人生活历程中必然会遭遇心灵和身体上的残酷磨难。基督教清

这样我们都会知道什么叫受苦受难,也会意识到谁也无法逃脱苦难并因此而变得更加慈善:马蒂亚斯·格吕内瓦尔德,《伊萨汉姆祭坛画》,1516年。

八 艺术

212.

楚，假如人们以为只有自己才经受着此种痛苦，那么痛感便会加剧。然而，一般而言，我们并不善于将个人的烦恼和忧伤传达给他人，也不善于感受他人藏在淡然外表背后的苦难和悲伤。因此，我们需要艺术来帮助自己理解心中被忽略的伤痛，来抓住泛泛而谈中不会涉及的那一切东西，来诱使人们慨然直面人性中最受到鄙视、最令人难堪的特征。

一千多年以来，基督教艺术家们一直致力于让我们体会这种感受：锈迹斑斑的大铁钉钉住手掌、身体两侧皮开肉绽的伤口往外流血、背着沉重的十字架迈着受伤的双腿攀爬陡峭山路。细致地刻画此种苦痛并非意在渲染恐怖，而是要以此为手段，促进道德和心理的成长，增进团结互助的感情，拓展悲天悯人的胸怀。

1512年春天，马蒂亚斯·格吕内瓦尔德开始为法国东北部伊萨汉姆的圣安东尼修道院创作祭坛画。该修道院的修士们专门从事照顾病人的工作，尤其擅长疗治麦角中毒，这是一种会引发抽搐、幻觉、坏疽并往往致命的疾病，要靠"圣安东尼火疗"来救治。祭坛画完成后，病人一踏进修道院，通常先被领到礼拜堂去看画，这样他们会理解到，自己即将承受的苦难，上帝之子也同样承受过，也许还曾承受得更多些。

耶稣死亡时遭受了大概是任何人都前所未有的极度苦难，这一情节对于基督教故事的感染力具有根本性意义。因此，耶稣向所有人，不管他如何受到疾病和悲痛的折磨，都提供了证据，证明他们的苦难决非个人所特有。于是，即使不能解除他们的苦痛，

伯纳德·冯·奥尔莱和佩德罗·卡姆伯纳，《七苦圣母》（细部），约 1520—1535 年。

艺术能冲淡那种无法被人理解之感：弗朗索瓦·科克雷尔作品，录自设想的《少年十二苦》组画。

八　艺术

214.

也至少可以免除其冤屈不平的情绪，让其知道自己并不是被单独地挑出来领受独一无二的惩罚。

耶稣的故事汇集了种种苦难，包括背叛、孤独、自我怀疑、身心折磨等。通过这些苦难，我们自身的悲苦得到了映照和陪衬，原先认为自己独受煎熬的印象也得以改观。原先的这种印象很容易形成，因为社会环境对个人的困苦无心深究、不屑一顾，相反还在我们周围铺天盖地地播撒千妍百媚的广告形象，这些形象所给予的承诺看起来如此地脱离实际，着实到了令人咋舌的地步。

基督教认识到，一流的艺术都有表现苦痛的情怀和能力，也因此能够缓解我等偏执妄想、封闭孤僻等糟糕透顶的感觉。天主教的艺术家们长期以来都惯于创作所谓《七苦圣母》这样的连环画，用以表现圣母一生经历的最痛苦的片段，从闻听西默盎的预言到耶稣的死亡和下葬。按照教规，善男信女都应该沉思默想这些作品，努力通过它们不仅更好地理解圣母马利亚的苦难，而且更好地理解普天下母亲遭受的苦痛。虽然天主教自有其特别的宗教定义，但无神论者还是可以从这些圣母组画隐含的意图中获得启示。可以考虑给当代艺术家们交代类似的任务，请其画出《父母七苦》《少年十二苦》《离婚二十一苦》。

天主教全部苦难组画中最著名者当数《耶稣受难苦路十四站》，这些绘画展示了耶稣生命中悲惨的最后篇章，从被定罪开始，到被安葬结束。这些关于苦路的画作依次悬挂在教堂的壁龛

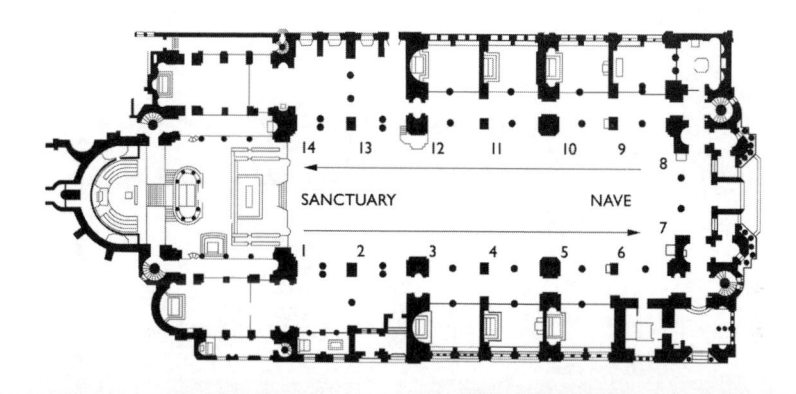

《第九站：耶稣第三次跌倒》，录自埃里克·吉尔，《十字架苦路十四站》，威斯敏斯特大教堂，1918年。

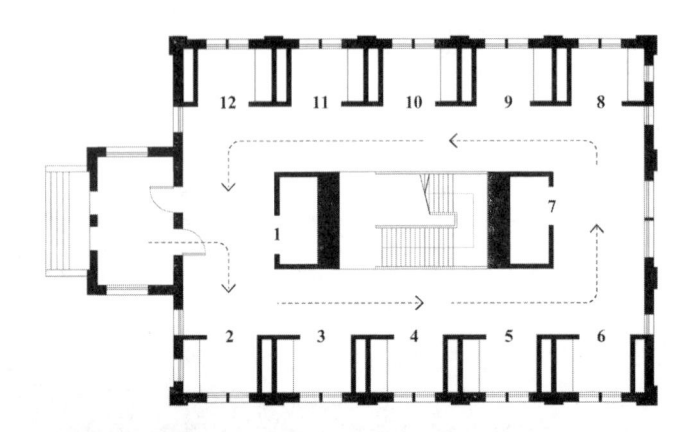

八 艺术　　　　　　　　　　　　Alain de Botton

216.

《第九站：失能站》，录自设想的世俗版《老年苦路十二站》。

或廊柱这些地方，应当照着逆时针的方向来瞻仰，每一站都启示着一种不同的磨难。

当然，耶稣的结局可能显得特别的野蛮残暴，但这一套策略，即安排一系列反映艰难困苦的图画，附上相关的题解以便充实内容，将其悬挂在静思空间的过道周围，假如用到世俗世界的话，也可像在基督教世界一样行之有效。就其本质而言，生活，因其亘古未变的心理和社会现实，必然会给我们施加普遍的苦痛。面对童年、教育、家庭、工作、爱情、衰老、死亡，我们都需要过五关斩六将，其中不少环节也确实贴有半正式的标签，如"少年忧愁""产后忧郁""中年危机"。世俗世界新的典型悲苦图可以围绕这些人生阶段，表达出生活表象之下真正的酸甜苦辣。在实际生活的挑战必然风卷残云、出其不意地扫荡我们之前，这些组画可于画廊的安谧中向大家预先传授有关生命历程的人生教训。

5

基督教艺术懂得，绘画形象非同小可，一定程度上是因为它们可以催生同情之心。而同情虽为一种纤细柔弱的心理特质，却有助于瓦解我等自我封闭的藩篱，有助于设身处地地从陌生人的角度来看待自己，从而使我们感同身受地体察他人的痛苦。

艺术可以促进这样的心灵感应，绝非偶然的是，文明本身就建立在这种心灵感应之上。我们之所以对他人作出缺乏同情心的

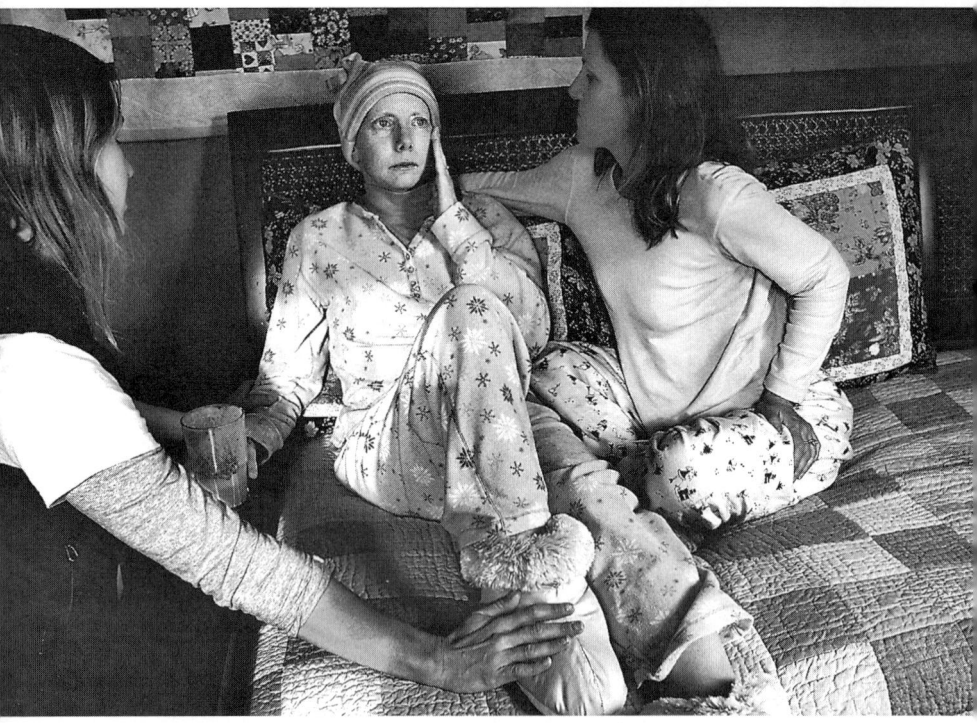

上：米开朗琪罗·博纳罗蒂，《圣母怜子》，1499年。
下：普雷斯顿·甘纳韦摄，《化疗之后的癌症病人》，2008年。

评价，很多情况下，不过是因为我们习惯以错误的方式看待他人，在心不在焉、精疲力竭或无端恐惧的状态下看扁了他人，致使无视一个基本事实，即不论人与人之间有多少千差万别，他人终究只是我们稍有改变的翻版，大家同样地脆弱、易变、有缺点，同样地渴望爱并且亟需宽恕。

生而为人，首先意味着容易遭受天下所有人都会遭遇的不幸、疾病、暴力。似乎是为了强化这一理念，基督教艺术坚持不懈地将我们带回至肉身，其形式不管是婴儿耶稣肥嘟嘟的脸颊，还是最后时刻包裹在他胸廓上那绷紧和破裂的皮肤。所要传达的信息一清二楚：即使我们不会被钉在十字架上流血而亡，仅仅因为生而为人，我们每个人便会领受一份苦难的煎熬、尊严的丧尽，每个人都会面临骇人听闻、无法驾驭的现实，而这会在我们心中升起一种同为天涯沦落人的感触。基督教曲折表达的看法是，假如我等肉身都毫无痛感、刀枪不入、金身不败，那我们便会变成人性丧尽的怪兽。

将他人视同孩子也能够激发类似的同情心理，故此也并非偶然的是，除耶稣被钉在十字架上这一画面外，耶稣的婴儿期成了基督教艺术中最常见的主题，他幼时的天真烂漫和甜美可爱与我们所知其人生将要结束的方式形成了强烈的对照。耶稣睡在妈妈怀抱中的形象在潜意识中强化了他的忠告，即我们应当学着把一切同类都当作孩子来善待。我们的敌人也何尝天生就是坏人，他们也曾经是需要关照的婴儿，身长五十厘米，鼓起肚子轻柔地呼

220.

吸，散发出一股奶香及爽身粉味道。

尽管我们的破坏力与年龄俱增，也尽管我们一方面不断积累值得同情的东西，另一方面却又日渐失去博取他人同情的能力，可是，我们终究保留着一点人生起步时特有的率真和单纯。基督教在叙述一个人从马厩到十字架的人生历程时，实际上在讲述一个几乎是举世皆然的故事，告诉人们纯真与温和在这个充满惊涛骇浪的世界上遭遇着何种命运。我们绝大多数人都是羔羊，需要好的牧羊人，也需要仁慈厚道的同伴羊群。

6

人类先天想象力的不可靠性放大了人们对艺术的需要。我们依靠艺术家来协调同情心升腾的时刻，以便时时激发同情心，并借助在艺术作品中所看到的人物，创造若干相关的人为场景，来预先体验一下某天在实际生活中我们对血肉之躯应有的感情。

是否能够富有同情地对他人作出反应，这与观察的角度有着决定性的关系。根据视角的不同，我们所看到的或者是一个自以为是的丈夫在训斥妻子，或者可能是两个同样不能恰当表达自己苦恼、彼此受伤并受辱的人；或者是一队骄傲的士兵正在走过村镇的街道，或者可能是一个惊恐的小女孩为躲避侵略者而掩身到门边；或者是一个老人拎着一包日用杂货在往家里走，或者可能

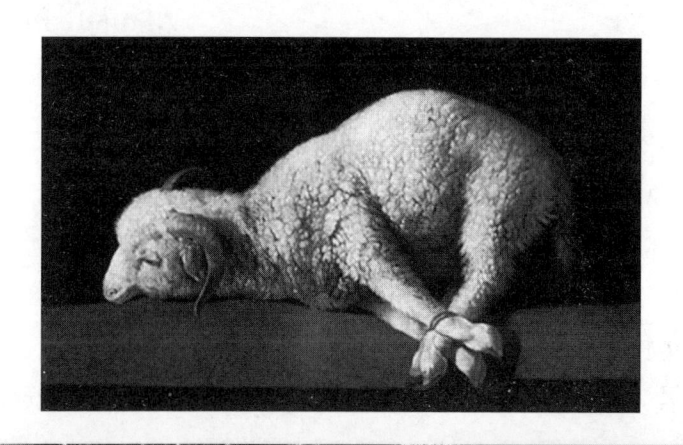

上：弗朗西斯科·德·苏巴朗，《捆住的羊》，约 1635 年。
下：同情与冷漠的差异仅在于视角：海伦·莱维特摄，《1940 年的纽约》。

八 艺术

222.

是原先的自由泳金牌得主变成了一个弯腰曲背、灰头土脸、连自己都无法相认的人。

当看着海伦·莱维特拍摄的纽约街头四个男孩的一张照片，我们可能会发现自己有股强烈的冲动，想要去安慰角落里那个脸色难看、忍住不哭的男孩，他妈妈也许只在半小时前才扣好他漂亮上衣的多个纽扣，他的痛苦表情会引起观者一种纯粹的难过情绪。然而，这同一场景只从一米之外换个角度来观察，又可以有个大相径庭的故事。对于最右边的那个男孩来说，最要紧的似乎是有机会来仔细打量一下小朋友的玩具，至于墙角落里这个衣冠楚楚的爱哭孩子，他早已无心关注，自己刚刚还和同学为了找乐子痛快地揍了他一顿，平常时日也会像今天一样老是揍他。

同样道理，是否对曼特尼亚的山顶全景场面作出同情性反应，这取决于我们如何看待耶稣遇难的骷髅地。阳光灿烂的午后时辰，几片白云飘过淡蓝的地平线，对于那个肩扛长枪、盼着晚餐吃个荷包蛋或鸡腿的士兵来说，此乃特别爽快、无忧无虑的时光。当他凝视面前的山谷、河流以及葡萄园，他恐怕不大会注意到十字架上的卑微者通常发出的痛苦呻吟。与此同时，对于坐在地上的其他士兵而言，在上帝之子死难的这个忌日，最迫切的问题也许是，谁能在盾牌面上玩的游戏中赢上五个小银币。

在任一场景中，各种可能的角度，以及因此而在观者身上引发的不同反响，实际上昭示了艺术形象创作者所肩负的责任：应把我们引导到那些理当得到但往往并未得到我们同情的人那里去；

无神论者写给

Religion for Atheists

223.

安德烈亚·曼特尼亚,《耶稣被钉十字架》,1459年。

224.

应当为那些太容易被我们忽视的一切作个见证。这个任务的严重性足以解释，为什么在基督教传统中会给艺术家的守护神即圣路加以特别崇高的位置。据传，圣路加是第一个刻画耶稣被钉死在十字架上的人，他在基督教艺术中的形象是手拿刷子和油漆，总在描画那些罗马士兵假装视而不见的场景。

7

什么样的艺术家才算一个好艺术家？围绕这一问题总会引发无休争论，可是，在宗教领域，有关标准较为狭窄和直截了当。按照基督教标准，优秀的艺术家应当能够成功地激发道德的和心理的重大真理，这些真理在日常生活的纷扰中正在失去对我们的控制力。基督教艺术家知道，自己的技巧性才能，包括对光线、构图、色彩的把握，对材料、介质的掌控，最终都要落实到唤起人们应有的道德反响这一点上，只有这样，我们的眼睛才能锤炼我们的心灵。

形形色色的视觉俗套却妨碍着上述使命的实现。对于支撑同情的那些观念而言，真正的困难并不在于它们看起来惊世骇俗或者特立独行，而在于它们看起来太过不言自明，正是自身的理所当然和无所不在反而削弱了它们的力量。不妨举个言辞方面的例子，我们已经听过千遍，说应当关爱自己的邻居，可是假如你只是有口无心地重复，这一规定便失去了任何意义。

提示人们什么才是勇气：伦勃朗·凡·莱因，《加利利海上的风暴》，1633年。

226.

艺术也是如此。即使是最为波澜壮阔的场景，如果刻画得毫无才气和想象力，则只会招致漠视与厌倦。因此，艺术家的任务是要找到新的方法，撑开他人的眼皮，使其能够欣然接受这些了无新意却又非同小可的理念。一部基督教艺术史就是由一波又一波的冲击所组成，一个个天才艺术家不断地冲击着早不新鲜的伟大真理，以保证观赏者能够一次次受到心灵的震颤，在圣母的谦卑、约瑟的忠诚、耶稣的勇气、犹太当局的残暴面前继续着自我完善的进程。

所有这些努力依照基督教的基本规诫，最终要达成两个目标：激发对邪恶之反感；激励对良善之热爱。在这两个方面，拙劣的艺术都无以胜任，原因不在于严格意义上的美不美，而在于它无法激起恰当的感情和行动。把地狱描绘得栩栩如生并非易事，因为这很容易落入俗套，不过就是用颜料增加一堆火烧的人肉，而这种程式化的恐怖除了为千篇一律的系列画蛇添足外，最终不可能打动任何观众。要想勾起人们对残酷暴力的厌恶，并不是仅靠渲染血腥就能办到，单让人再看一幅第七层地狱的油画，或者再看一张加沙杀戮场面的照片，大家都会腻烦。只有画技高超的艺术家才能打破常规，以其耳目一新的画面让我们充分领悟真正的大是大非问题。

对邪恶的表现必须经常翻新，这样才能帮助我们感受邪恶的力量，同理，对和善的表现也需推陈出新。基于这一原因，基督教艺术家们不知疲倦地全力让美德也永葆生动活力，使之穿透人

假如我们不够用心，甚至地狱也会让人腻味。我们需要才华横溢的艺术家来唤起本会日渐隔膜的道德追求。上：弗拉·安吉利科，《最后的审判》（细部），1435 年。下：阿比德·卡提博，《加沙西法医院》，2008 年。

们玩世不恭和麻木厌世的心态，并在大家眼前呈现那些令我们见贤思齐的完美人物形象。

8

很自然，基督教艺术不可能涉及一切主题，在我们为了心灵健康而应谨记在心的主题中，它所忽略的题材还有很多，比如自我约束的作用、轻松游戏之必要、敬重自然世界脆弱性之意义，等等。然而，完整性并非要害所在。事实上，基督教更有志于为艺术提出一个统揽全局的使命：刻画善与恶，并提醒我们什么是重要的却又是容易被遗忘的。

特别让人感兴趣的是，基督教从未让艺术家去自行决定自己的作品应涉及何种主题，重要题材的制定权留给了神学家和神学博士，题材决定后才递交给画家和雕塑家，并被转化为令人信服的具有美感的作品。教会坚信，掌握艺术之技法，比如娴熟地用一笔油彩勾勒出一只手臂，或者用一块石材加工成一撮头发，并不等于能够厘清生活的意义。基督教尤其没有期望提香这位天才画家同时也是一位天才的哲学家。也许，我们对世俗艺术家们提出了太高的要求，要求他们不仅能够打动我们的感官，而且能够首创出心理的和道德的深刻见解。假如思想家和艺术形象的创作者更多地合作，使得最伟大的思想观念与最高妙的表现手段结合起来，那么我们的艺术世界一定会从中获益良多。

基督教认为我们可以固守某些关键的题材,并允许艺术家主要通过自己的解读来追求不朽。上:让-奥诺雷·弗拉戈纳尔,《逃往埃及途中的休息》,1750年。下:提香,《逃往埃及》,约1504年。

八 艺术

230.

　　基督教不会坚持说，艺术作品背后的概念应当随时而变，这本身也体现了宗教的智慧。浪漫主义则相信，作品的伟大必定意味着主题方面的不断创新，可以说，很少存在比这一观念更有害的艺术教条了。基督教艺术家可以充分表现自己的独特技法，但必须坚守从"天使传报"到"耶稣从十字架上放下"这样的一整套固定主题。艺术家的个性特点都消融在这套至高无上的钦定主题中，如此命题创作也让他们摆脱了浪漫主义要求不断创新的那种持续压力。

　　艺术形象按要求必须集中表现同样的理念，这并不是说它们都应该千人一面。即使表现同一个圣母子"逃往埃及"的主题，提香版与弗拉戈纳尔版的作品看起来迥然有别，同样，假定要展现"不贞之悲伤"这个主题，当代摄影家杰夫·华尔的作品也没有必要与其同行菲利普-洛尔卡·迪科尔西亚或者亚历克·索思的同主题作品一模一样。

9

　　虽然到此为止我们只是顺便讨论了现代世俗艺术，而且是透过图像艺术的棱镜作了观察，但是，艺术的服务模式，即作为一种向人们重申重要观念的机制，却完全可以超越具象表现领域而应用到抽象作品当中。

　　尽管有时候难以说清抽象作品究竟在表现什么，但我们还是可以充分地领略它们题材的广泛性，而且，每当涉及那种伟大作品的主题，我们也会将其欣然纳入自己的生活。这样做的理由跟在具象作品领域是一致的：因为它们让大家得以重温那些人们需要贴近但又很可能忽视的主题。从抽象作品中，我们照样可以感受到美德，比如从理查德·塞拉硬邦邦的钢板片中散发出勇气和力量。在阿格尼丝·马丁画作整整齐齐的几何图形中，有一种永远都需要的对平静的召唤；而芭芭拉·赫普沃思由木头和弦线组成的雕塑，则富有诗意地传达了张力在美好生活中的特别角色。

佛教提出过一个颇有启发性的观点，即假如在观摩抽象作品时能够给予一些应当如何思考的提示，那么就可以强化我们对作品的响应。例如，当面临复杂的曼荼罗图形时，佛教鼓励我们缩小其可能含义的范围，将其集中理解为形象地表现了佛教理论中所描述的宇宙和谐。此外，在观摩时，佛教还另外让我们念咒，最通常的是"六字大明咒"（唵、嘛、呢、叭、咪、吽，译自梵文，意为"布施、持戒、忍辱、精进、禅定、般若"）。这六字咒构成了一个良性循环，使得可用眼睛来丰富我们的思想，而思想则又指明我们的视野。

佛教这些监护性指令手法严厉却又确有效果，受其启发，我们可以向诸多艺术作品提出要求，请其更明确地告诉大家，它们试图用形象的方法在向人们提示什么重要的观念，这样便可把我们从本会坠入的满腹疑虑、迷惑不解中拯救出来。虽然精英们出于强烈的偏见，反对给艺术品作题解，但很少有作品因为附加了

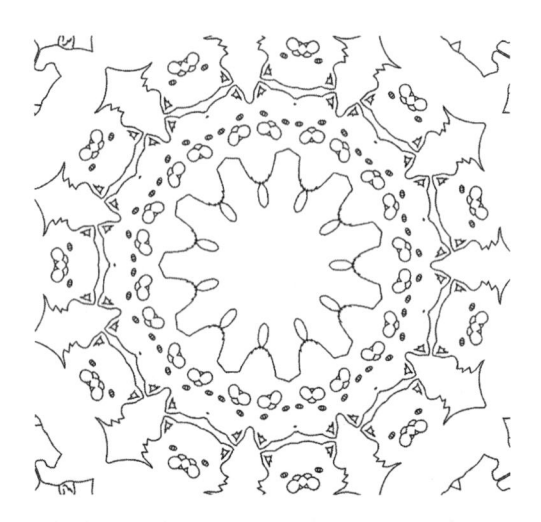

理查德·朗等当代抽象艺术家的作品（下）之所以有别于佛教曼荼罗传统（上），是因为朗的作品不附带祷告词，不会告诉我们观赏时可以想些什么。因此，抽象艺术固然也可以有形式上的大美，却面临着观者乏味生厌、茫然以对的风险。虽然精英们出于强烈的偏见反对给艺术品作题解，但没有哪件作品因为附加了指导说明反而会贬值。

指导说明反而会贬值。

10

宗教除了引导我们去反思主题及艺术的目的外，也要求我们重新考虑艺术作品的归类方法。现代博物馆一般按"19世纪""北意大利派"之类的大题目来编排展室，参观者当然是照此来登堂入室，这反映出馆方人员当年接受教育时的学术套路。然而，这种编排方式未能照应参观者的内心需求，一如学校教育将文学分为"19世纪美国小说""卡洛林王朝时期诗歌"未能照应读者的内心需求。

更富创新的一套编排体系是打乱作品的风格和年代，纯粹按照我们心灵的关注点来排列组合。沿着参观线路走下去，展馆的每一个空间都应以感性的方式帮助我们重温某些重大理念，它们都跟大家生活中出现的各种各样的问题相关联。全部展馆中，有的专门会唤起简洁之美（展示夏尔丹、崔奭焕的作品），有的专门唤起大自然的治愈力量（展示柯罗、霍贝玛、比尔斯塔德、袁江的作品），有的专门唤起社会边缘人群的尊严（展示弗里德里希、霍珀、斯塔奇的作品），也有的专门唤起母亲养育所给予的慰藉（展示赫普沃思、卡萨特的作品）。在博物馆中行走如同有条理地复习一些最容易忘记却最值得记取、最能够帮助生活的关键内容。

作此重新布置时，我们可以参考一下威尼斯圣方济会荣耀圣母教堂，以从中汲取灵感。该教堂富有自尊地不受学术体系通行编排方法的影响，致力于以丰富多样的作品来恢复我等心灵平衡这一使命，它对作品兼收并蓄，包括了保罗·韦内齐亚诺的壁画（约1339年）、多那太罗的雕像《施洗者约翰》（1438年）、乔凡尼·贝利尼的《圣母圣子与圣人》（1488年），以及提香的大幅祭坛画（1516—1518年）。这个建筑里杂陈了各个世纪、各派宗教各异的雕塑、绘画、金属件、窗花格，因为教堂更感兴趣于艺术在影响心灵方面的内在一致性，而不是艺术的不同创作者在出生地或表现风格方面的外在一致性。

对照之下，就尊重艺术的宗旨而言，现代博物馆表面上的有序本质上看反而是一种严重的无序。学术上的老套，例如，根据艺术品创作的地点和时间来加以编排，按照诸如"威尼斯派""罗马派""风景画""肖像画"来进行分类，或者依据摄影、雕塑、绘画这样的基本表现手段来作出区分，使得世俗博物馆无法在情感层面实现任何真正的融会贯通，因此也无法拥有教堂和庙宇编排的艺术品所具有的真正教化力量。

11

当务之急是重新设定博物馆的议程，借此艺术才能开始有效地服务于心理的需求，正如多个世纪以来它一直有效地服务于神学的需求。博物馆长应当敢于彻底改造展馆空间，这样，它们才不只是收罗过往作品的"死藏馆"。这些馆长们应该把艺术作品调动起来从事一项直接的工作，即帮助我们去生活：获得自知之明、记住宽恕和爱、敏感地体察麻烦不断的人类及其危机四伏的地球所遭受的痛苦。博物馆必须超越现状，不仅仅停留在陈列美丽的藏品，它们应当成为利用美丽藏品让我们变得更和善、更智慧的场所。只有到那时，博物馆才能够声称，自己已经实现了那个高尚而又遥远的抱负，即成为我们新的教堂。

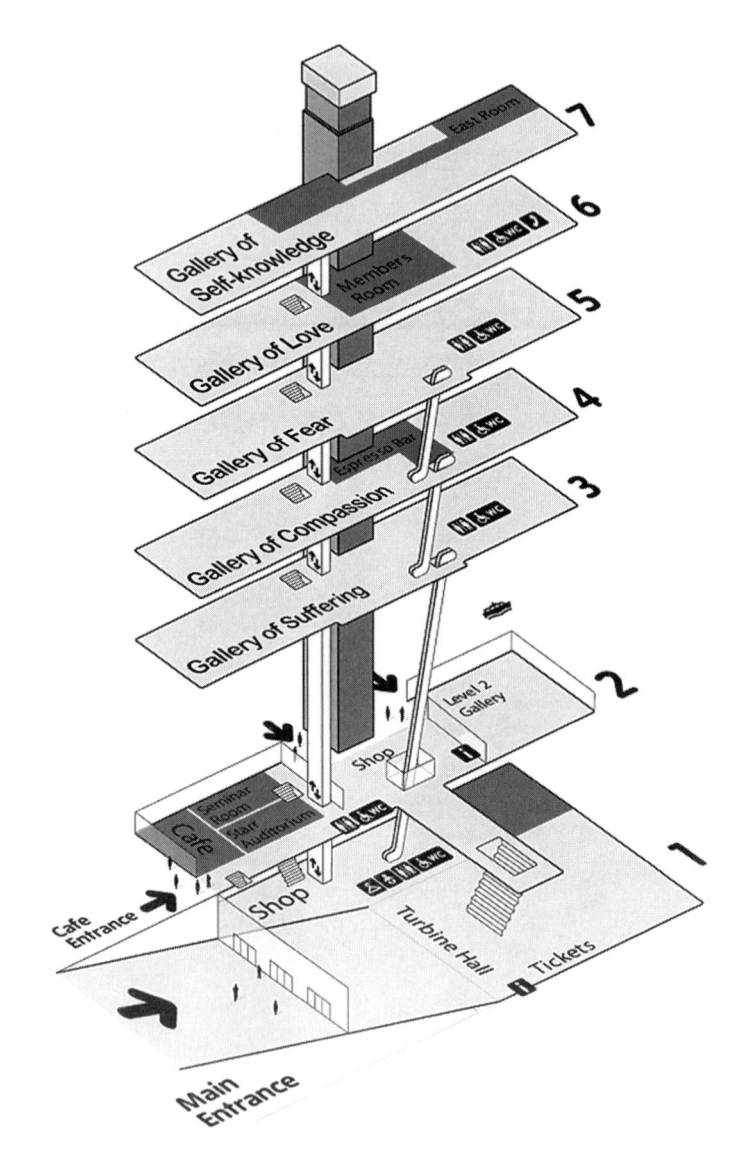

伦敦较新的泰特现代美术馆。如果博物馆真要成为我们新的教堂，那里的艺术品不需改变，只要改变其编排和陈列的方式。每一展馆都将致力于形象地展现一系列有助于恢复心智平衡的情感主题。

九 建筑

1

由于现代世界大片大片的地方已经变得丑陋不堪，人们可能会想，我们周围的东西看起来像个什么模样，写字楼、厂房、仓库、码头的设计在直接所有者或使用者之外，是否还能博得其他人的关注，这些都还有意义吗？一般给出的答案必定是"没有意义"。的确，过分敏感地注视我们眼前的任何东西，是愚不可及、代价高昂并且终究危险的，要不，我们一辈子多数时候都会闷闷不乐。

单纯从法律角度看，物业开发只不过是私有经营的又一个领域而已。重要的是谁拥有一片土地，而不是谁被迫去观望土地上建造的东西并因此而心里不痛快，法律体系并不关心过路人的心理感受。假如你抱怨说一座塔楼或一家汽车旅馆触目惊心，这种苦恼可不是当代规划者们能够得心应手地重视并处理的。当今的景观实在让我们别无选择只得盯着自己的脚尖，而就对如此景观的宽容而言，现代世界绝对称得上惊世骇俗、放任自流，恰如基督教的"新教"派别。

当新教于16世纪上半叶在欧洲北部得到确立时，它表现出

九　建筑　　　　　　　　　　　　　　Alain de Botton

240.

无神论者写给

Religion for Atheists

241.

16 世纪宗教改革捣毁圣像运动中,乌德勒支圣马丁大教堂中的浮雕遭到攻击。

242.

了对视觉艺术的极端敌视姿态，天主教因其建筑物的复杂繁琐和富丽装饰而遭到攻击。约翰·加尔文强调："任何人要想通达造物主上帝，只需《圣经》来充当自己的向导和教师。"他的话表达了这个宗教新派别中许多人抵制审美的情绪。对新教徒而言，落在纸上的文字才是重要的，考究的建筑并不要紧，文字足以带领我们通达上帝。凭借一本《圣经》，即使身处家徒四壁的房间也能培养献身精神，而且可以跟在镶嵌宝石的大教堂的中殿里做得一样的好。况且，据说富丽堂皇的建筑物，由于感觉上的琳琅满目，反而存在着让人分心走神的风险，会让我们将美丽置于神圣之上。新教改革家们主持过多次"倒美"活动，他们砸碎塑像、焚烧画作、粗暴地割去石膏天使的翅膀，看来这一切并非偶然。

与此同时，宗教改革家们约束自己的建筑师，只允许他们设计简单朴素的棚顶房，不过为了在自己朗读《圣经》时能让信众避雨遮风而已。据说，身处这些简易房中，人们不会去多想所在的建筑物，因而也不会分散注意力。

未过多久，天主教便不得不作出回击。继 1563 年天特会议后，教皇颁布敕令告诫道，与新教徒亵渎上帝的说法相反，大教堂、雕塑、绘画实际上缺一不可，其共同任务就是要保证"引导并巩固民众的习惯，使其心中牢记并不断重温宗教信条"。神圣建筑物根本不会分散注意力，倒可以向人提醒圣主的真理，它们是用石头、木材、五彩玻璃写就的奉献诗篇。天主教会为了充分灌输这一主张，还启动了一个巨大的建筑和装饰项目。紧挨着改革

无神论者写给

Religion for Atheists

243.

城堡教堂，德国托尔高，1544年。

耶稣教堂，罗马，1584年。

九　建筑

派那些暗淡无光、了无特点的厅堂，他们现在营造了一批宏伟的教会建筑，希望借此把激情重新注入遭遇挑战的信仰。于是，天花板上布满了天堂的各种景象，壁龛中挤满了各种圣像，墙壁上贴有灰泥线条，其下的壁画则描绘了耶稣行教生涯中的奇异事件。

若想体察基督教两大派别之间出现的审美鸿沟，我们只需比较双方的教堂即可。一方是德国托尔高市位于岩石城堡的教堂（1544年），这是现存最早的新教礼拜堂，另一方是罗马的耶稣教堂（1584年），它的中殿拱顶绘有《耶稣之名的胜利》。前者的内敛与后者的张扬形成了鲜明对照。

2

天主教在为建筑的重要性进行申辩时，讲到了一个涉及我们身体机能的道理，颇为动人也颇为惊人。它的意思是，人类的苦恼在于会对周围事物过度敏感，我们会注意自己眼睛看到的一切并会受其影响。这个弱点新教却宁愿视而不见或者漠然处之。天主教提出的一个重要主张则是，我们需要在自己周围拥有好的建筑，这样才能成长为良善之人并且保持这一状态。

天主教崇尚美，这一传统可以追溯到新柏拉图主义哲学家柏罗丁的著作。柏罗丁在公元3世纪明确地将美与善联系起来，在他看来，周围环境的特质具有影响力，因为美的东西远不是无缘无故地、不讲道德地、自我放纵地"有吸引力"。"美"涉及并向我们提醒诸如爱、信任、聪慧、和善、正义等美德，它是"善"的物质性体现。按照柏罗丁的哲学，如果我们研究美丽的花朵、廊柱或者椅子，便可以发现它们具有与道德品质直接相仿的某些特质，这些特质通过我们的眼睛能够强化我们心中的同类东西。

自此往后，柏罗丁的主张促使人们强调应当严肃地看待"丑陋"现象。丑陋远不是单纯的难看，经过重新归类，可视之为属于邪恶的一种。凡是在伦理层面令我们感到恶心的那些缺陷，必定同样可见于丑陋的建筑物。就如对待人一样，我们也可以用野蛮残暴、玩世不恭、洋洋自得、多愁善感等词语来描述丑陋的建筑物。进而言之，人们也很容易受到这些建筑物所传达信息的影响，正如居心不良的熟人会轻易地影响我们的行为。坏建筑与坏人一样，都会为我们心中最邪恶的一面敞开大门，二者都会以微妙的方式诱人作恶。

当然，也绝非偶然的是，正是在欧洲的新教国家首先出现了那种极端的丑陋性，此种丑陋随后则变成了现代世界的典型状态。曼彻斯特、利兹之类的城市让其居民忍受着迄今为止无与伦比的丑陋，仿佛是为了充分地验证约翰·加尔文的观点。加尔文居然说过，建筑和艺术不会对我们的心灵状态产生任何影响，只要手执《圣经》，即使身处贫民窟的危棚简屋，即使前面就能望见敞开挖掘的煤矿，一个人照样能够心满意足地过上圣洁的生活。

这种意识形态并非没有遭到挑战，天主教即再次出手作出抵制。当19世纪建筑师奥古斯塔斯·皮金考察工业化英国新的地貌景观时，作为一位虔诚的天主教徒，他不仅抨击了其外观景象，而且抨击了其摧毁人类精神的能量。他用两张对比明显的画面，先是展示了15世纪关注审美的天主教体制下一个想象中的典型英国村镇，然后展现了四个世纪后即他所处时代，新教体制下压制人性的济贫院、磨坊和工厂肆意毁坏一方水土的景象。皮金以为，新教直接助长了那种肆无忌惮、泛滥成灾，对开发商则是从此可以为所欲为的理念，似乎人们可以摧毁一个城市的外貌景观而同时一点也不会伤及当地居民的心灵。

假如批评皮金教派色彩太浓、审美观点有点捕风捉影，那当然非常容易，可是，更令人气馁并引发忧虑的可能性却是，他本质上没有错。即使不在对新教徒的攻击上，至少在关于视觉形象会对我们产生影响的基本判断上，他还是对的。如果我们的心灵不仅仅容易受到自己所读书本的影响，该怎么办？如果我们同时还受到周围住宅、医院、工厂的影响，又该怎么办？我们从此不就完全应该起而抗议和反对丑陋吗？而且，虽然障碍重重，我们难道不应该努力建造一些体现"以美促善"原则的楼宇吗？

3

在世俗世界里，经常可以听到无神论者，事实上尤其可以听到他们在哀叹，宗教建筑辉煌的日子一去不复返了。常常能够听到那些对宗教教义毫无兴趣的人坦承，说自己非常眷恋宗教建筑

丑陋会伤害我们的心灵吗？天主教城市（上）与新教城市（下），录自奥古斯塔斯·皮金的《对照》，1836年。

248.

物，包括山边礼拜堂石墙的纹理，透过昏黄的田野望见的尖顶轮廓，或许还有单纯为了一本书而矢志建造一座庙宇的雄心（犹太教），以及单纯为了开明圣哲的一颗白齿而发愿建造一座圣坛的壮志（小乘佛教）。然而，这些怀旧的思绪总是戛然而止，因为他们会不很情愿地承认，宗教信仰的终结必然不可避免地意味着庙堂建设的终结。

这一前提假定的背后存在着一个未曾明言的理念，即无论在哪个地方，既然再也没有了上帝或圣灵，那就没有什么再需要称颂礼赞的了，也因此没有什么东西再需要通过建筑的途径来唤起民众的注视。

然而，细查之下可见，我们不再信仰圣物神灵，从逻辑上讲决不意味着我们必须从此终止对有关价值观的敬重，或者从此放弃试图通过建筑来寄托这些价值观的愿望。在不存在神灵的情况下，我们仍然需要保留自己的伦理信仰，而且这些信仰还需要不断加以巩固和弘扬。任何一件我们敬重但又很容易忽略的东西，理所当然都值得为之建造一座专门的"庙堂"。可以有礼赞春天的庙堂、礼赞善良的庙堂、礼赞安详的庙堂、礼赞静思的庙堂、礼赞宽恕的庙堂、礼赞自知之明的庙堂。

一座没有神祇的庙堂将有一副何等模样呢？古往今来，宗教都满腔热忱地订立了关于建筑物外观的统一规则。对中世纪基督徒而言，所有的大教堂都应该具备十字形的场地布局、东西方向的轴线、中殿西端的洗礼池以及东端的大祭坛。直到今天，东南亚的佛教徒都懂得，自己的建筑诉求别无出路，只能被引导到半球形的佛塔及其伞盖和环形露台的建造中。

不过，世俗庙堂没有必要遵循诸如此类的教会规则，庙堂之间唯一的共同点在于：大力弘扬对我们心灵健全至关重要的那些美德。但在各个场所具体崇奉何种美德、有关美德的理念如何成功地加以传达，这些完全可以留给个体的建筑师以及施主们去定夺。这里优先的重点只是确定一种新的建筑类型，而不是设计此类建筑的具体样本。

但为了展示该思路，这里拟大致描述一下世俗庙堂的几个可能主题，同时也介绍一下可服务于这些主题的若干建筑策略。

——视角庙堂

有鉴于我们生命中花了大量时间在自夸本身的重要性，并在放大自己因此遭受的屈辱和厄运，新庙堂建筑的当务之急首先应该回应我们对视角的需求，世上很少有如此迫切的任务。

人类似乎无法抗拒自夸的冲动，几乎会自夸一切方面：我们已在地球上生活了多久多久的年代，我们取得的成就有何等何等的重要，我们个人的职场挫折是多么多么的罕见和不公，我们的人际关系是如何如何地充满了误解，我们的悲苦又是怎样怎样的刻骨铭心。总之，个人的酸甜苦辣永远都是头等大事。

针对这种定位不准并终究自寻烦恼的自我至上心态，宗教建

九　建筑　　　　　　　　　　　　　Alain de Botton

250.

筑可以发挥一种关键的作用，因为它能够借助其规模、材料、声音和光源，调整我们对自身物理尺寸的印象，并随之调整我们的心理尺寸。某些大教堂体量无比庞大，由硕大的古朴石材造就；还有些大教堂黑黢黢的，只有一根光柱从遥远的天窗洒落下来；也有些大教堂寂静无声，唯有偶尔传来清水从高空滴入深池的声音。在这些建筑物内，可以感到周围环境无比雅致、令人陶醉，正把我们带入一种笑纳自身无足轻重的怡然境界。

诚然，让一个人"感觉无足轻重"，这在人类社会的平常生活中会是件痛苦的事。但是，由某种巨大、高尚、完美、明智的东西来让人感觉无足轻重，这会给我们带来智慧及某种欣喜。有些教堂能够诱导我们放弃自我至上的心态，却一点也不会羞辱我们。在这些教堂里，我们可以放下平时的顾虑，正视自己的微不足道和庸碌平凡，而这种正视态度通常在直面他人的高压态势时我们绝不敢拿来尝试。我们可以对自我加以审视，好像在作远距离的观察，毫不介怀给本人的自尊所带来的伤痛，学着以超然的态度看待自己的最终命运，达观地面对宇宙并通达地接受宇宙之道。

这样的感受在非宗教的场所也会降临我们身上，比如在厚实、狭窄、木墙熏黑的高塔里，在地下有五层楼高的混凝土空间中，还有，在石头垒砌、石头上留有微小贝壳类古生物化石印迹的房间里。遥想当年，这种古生物生活在劳伦琴[1]的热带水域，该

---

[1] 今北美东部和格陵兰岛。——编者

无神论者写给 | Religion for Atheists

251.

被迫感觉无足轻重能带来好处:安藤忠雄设计的"光之教堂",日本茨城,1989年。

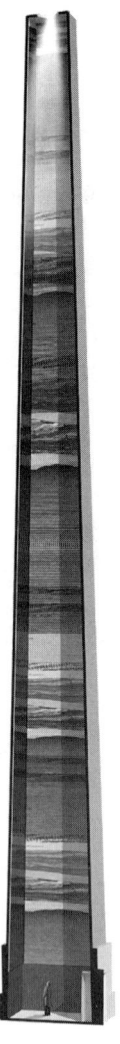

九 建筑　　　　　　　　　　　　　　　　　Alain de Botton

252.

"视角庙堂"的结构将代表地球的年龄，每一厘米高度等于一百万年。塔楼总高四十六米，基座处有仅厚一毫米的金质薄圈，代表人类在地球上的存在时间。

古生代时期结束之后约三亿年，依稀可辨的人类祖先才获得了直立行走或打造独木舟的智慧。

新的"视角庙堂"最终关注的理念跟科学博物馆和天文台所探索的那些理念是一致的，其墙壁中会布置某些具有古生物学和地质学意义的物件，天花板和房顶上则会安装天文学的器械。不过，在这两类机构之间，就其宗旨而言，还是存在重要的区别。视角庙堂与科学博物馆一样，希望把大家抬升到日常生活中总难达到的某种思想高度，以让我们意识到宇宙之浩瀚、悠久、复杂，但与科学博物馆不同的是，视角庙堂不会自命不凡地宣称，自己工作的目标是要为人们打下科学教育的基础。参观者到最后是否掌握了诸如三叠纪与寒武纪之间的差别，这本身无关紧要。有关这些差别，博物馆人员经常花足了力气进行详尽的解释，可大多数听众还没有走到停车场恐怕就已忘得差不多了。视角庙堂只会大而化之地处理并呈现科学内容，其目的首先不是为了增长知识，而在于激发人们的敬畏之心，不是为了单纯追求科学的客观价值，而在于借助科学，获得治疗人心、拓展胸襟的功效。

——静思庙堂

现代世界未曾料到的灾难之一是，人类近来对于信息前所未有的获取，居然是以我们的专注力为代价的。曾经那种全身心投入的深沉思考为人类文明带来了众多最重要的成就，可惜这种沉

九 建筑　　　　　　　　　　　　　　　　　Alain de Botton

254.

只有在"黑莓"时代众人才终于领悟到为何当初发明了修道院：古加巴拉教堂，爱尔兰考克县，1879年。

无神论者 写给

Religion for Atheists

255.

此处适合等待那些一闪而过、难觅踪影的真知灼见：静思庙堂。

九　建筑

256.

思如今受到了亘古未有的挑战。无论何时何地,我们几乎永远都不会远离一台机器,它保证会让我们浑浑然而又色眯眯地逃离现实。眼睛盯着屏幕时,我们无法去体验那些被屏幕排除在外的思想感情。然而,被排除的东西终究会报复我们,体现在我们会不由自主地抽搐和疼痛,以及越来越不能在应该睡觉的时候安睡。

有些建筑的风格似乎拥有我们自身所缺乏的某些特质,大家会被这样的建筑所吸引。因此,并不奇怪的是,某些空间特别会让我们怦然心动,比如那些纯净的、没有干扰的、刺激被降到最低限度的空间。也许在这些地方,建筑师对视野作了精心的安排,映入眼帘的会是几块岩石、树的几根枝条或者某一片天空,同时,那里墙壁牢固、材料耐久,唯一能听到的声音就是清风或流水。

"静思庙堂"将为孤独的时光提供某种场所和理由。这里将是一个简朴素净的空间,给到访者提供的不过是一两条长凳、一片能望远的景色,还有一个建议,即应该努力释放那些平时一直被日常活动所压制的烦人问题。

人世间存在一种诡异的关系,一方面某一想法被认为非常重要,但另一方面不得不面对这一想法又会令我们紧张不安。所以,虽然我们清楚自己确有极其重要的问题需要静思应对,可是需要独处这个想法又显得无法忍受。基于这一缘由,宗教一直强势地劝诫追随者,不管独处最初会带来多大的痛苦,信众都必须度过一些独处时光。一座现代的静思庙堂将采纳这一理念,为沉思冥想创造有利的成长条件,允许我们在空荡荡的安谧房间里静候那些难得的真知灼见。生活的顺畅充实有赖于这些真知灼见的指引，只是平时它们就像羞涩的小鹿，总是从我们心烦意乱的头脑中一闪而过、踪影难觅。

——本地守护神庙堂

罗马帝国时代的宗教有一些迷人的特点，其中之一是，当时的宗教不仅供奉朱诺[1]和马耳斯[2]这样的普世神祇（有关神庙遍布整个帝国，从哈德良[3]长城到幼发拉底河岸到处可见），而且，它还允许崇拜一系列本地神祇，这些本地神祇的个性反映了所在地区的地貌、文化等当地特征。被称为"地方神灵"的这些守护神拥有专门的庙宇，因为能够治愈五花八门的身心疾病，所以声誉日隆，有时还吸引了远道而来的访客。例如，来自那不勒斯以南海岸边的神灵被认为尤其能够缓解抑郁情绪，而科洛尼亚-朱利亚-艾艮斯特里斯[4]的本地守护神据说拥有特别的才能，擅长抚慰那些政坛失意和商场失败的倒霉者。

---

1 Juno，罗马神话中的天后，主神朱庇特之妻，主司生育婚姻等。——编者
2 Mars，罗马神话中的人物，战神。——编者
3 Hadrian，罗马皇帝，他对外采取慎守边境政策，对内加强集权统治，数次巡行帝国，在不列颠境内筑"哈德良长城"，镇压犹太人暴动（132—135）。——编者
4 今尼永，在日内瓦湖边。——编者

258.

这一本地守护神传统，如同罗马宗教中诸多合情合理的东西，后来也为基督教所吸收。基督教同样把具体的本地守护神与其治疗功能联系起来，当然，它不再用"庙宇"，而改称"圣殿"，不称"神灵"，而改说"圣徒"。中世纪欧洲的地图上布满了这些圣地，其中许多就建在罗马时代的地基上。它们承诺，通过与过世的基督教圣徒身体各相关部分的接触，可使善男信女身体和精神上的疾患得到缓解。

例如，牙痛的教徒知道应该去罗马的圣洛伦佐圣殿，在那里可触摸牙齿的守护神圣阿波罗尼亚的手臂骨。不开心的已婚妇女可到翁布里亚，去敬拜婚姻守护神加西亚的圣里达。期待在战前为自己壮胆的士兵应与圣弗伊的骨头作一沟通，圣物就安放在法国西南部孔克的圣弗伊修道院一个金制圣骨盒里。母乳喂奶有困难的妇女可以从沙特尔的圣母乳圣殿那里获得安慰。对电闪雷鸣特别恐惧的人则应该去德国古镇巴特明斯特艾弗尔，他们可在那里把手放到圣多那的遗物上，世人都知道，圣多那能够缓解人们对烈火和爆炸的恐惧。

朝拜者一到达合适的圣殿，首先会直奔附近的商店，那里能买到自己身体患病部位的蜡制模型，从大腿、耳朵、胸脯到阳具，甚至还有婴儿状的灵魂。一旦进入圣殿，他们会将这些模型放到祭坛、坟墓或者棺材上，跪下祈祷，请求圣灵的帮助。

之后，朝拜者会赶去纪念品摊位。因为神学家耶路撒冷的西里尔在公元 4 世纪曾宣告，与殉道者身体接触过的手绢永远都有

中世纪欧洲朝圣地图

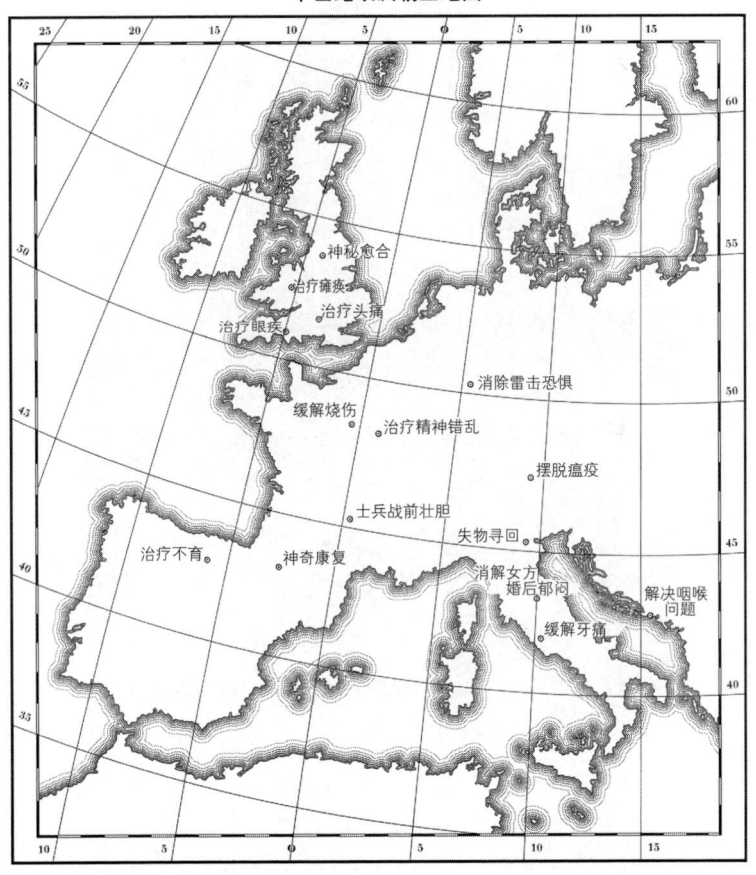

- 神秘愈合
- 治疗瘫痪
- 治疗眼疾
- 治疗头痛
- 消除雷击恐惧
- 缓解烧伤
- 治疗精神错乱
- 摆脱瘟疫
- 士兵战前壮胆
- 失物寻回
- 治疗不育
- 神奇康复
- 消解女方婚后郁闷
- 解决咽喉问题
- 缓解牙痛

九　建筑　　　　　　　　　　　　　　　　　　　　Alain de Botton

260.

纪念品产业背后的精神严肃性：一枚 14 世纪徽章，来自坎特伯雷托马斯·贝克特圣殿。

一种超自然的力量,所以,这些摊位上开始供应众多纺织布料。它们也提供小玻璃瓶,里面装有从圣徒坟墓边地板上收集的灰尘,这也可用来消解苦恼。本笃会有一位修士名叫诸让的吉贝尔,他报告说,自己有朋友曾不小心吞下一只癞蛤蟆,几乎要被噎死,后来多亏吃下了巴黎主教圣马尔塞勒墓边的一勺灰尘才得了救。最常见的是,朝拜者会被邀请去获取精美的铅制徽章,上面塑有朝拜对象的肖像。据说,法国的路易十六曾拜访过国内每一个稍有名气的圣殿,所以帽檐上"缀满了圣徒像,不管收到什么好坏消息,他都会亲吻这些圣像"。

当然,我们中间如今很少有人会步行一百公里,去为自己恐惧雷电的心理而寻求帮助。但是,旅行仍然是世俗世界众多人生追求中的一个核心目标,出行对于调节内心情绪的变化还是发挥着作用。我们固然不会把旅行奉若神圣,至多称其颇有价值,可是,确实有些旅行目的地,由于其遥远偏僻、荒凉寂寥、美丽动人、文化丰富,保留着救治我等身体疾患的能力。

可惜,我们缺乏任何可靠的机制或方法来标识这些具有疗效的非常之地。在这里,就如世俗世界在情感需求方面反复表明的那样,我们不免再次怀念宗教曾经提供的那一套制度。旅行社认为自己只负责提供后勤服务,如预订联程机票、就机票和客房争取好的折扣等,却很少花力气协助顾客去往那些能为心灵带来具体好处的目的地。我们需要长于心理分析的旅行社,希望它们能够仔细分析我们的缺陷,然后据此为我们安排世界上相应的地点，以保证产生有针对性的疗效。旅行社通过此种旅行，会让我们接触到心中珍重但在本地又无法大量得到的那些特质。

进而言之，我们世俗世界还苦于缺乏圣殿神庙。到达目的地后，我们往往不知道自己该做些什么，只得四处转悠寻找某个中心。我们渴望一个据信积淀了当地意义的地方，巴望有个去处，或者干脆是巴望任何去处，只要能让我们领略当地守护神之真谛。可是，在缺乏其他选择的情况下，我们往往只得无精打采地游览博物馆，一边还羞愧不已，因为自己心中怎么总是强烈地想着回宾馆躺下。

假如旅行中能安排参观一下当地的圣殿或神庙，特别是当这种建筑集中并代表了其周围环境的特征，这样的旅行该可以增加多少疗效啊。在建筑物内，我们可以放下代表内心忧虑及不成熟性的蜡质模型，借此具体表明本次行程的目的。同时，在室外那排小商铺里，才华出众的艺术家们则销售着引发灵感的象征物品，传达着当地风土人情独特的修身养性能力。

一个这样的庙堂可以专门敬奉大都市的勃勃活力，另一个可以专门敬奉渺无人烟的冰冻荒原那种沁人心脾的宁静，还有一个可以专门敬奉热带太阳的烂漫希望。这些庙堂将为那些本来隐逸不彰的当地精神提供一个寄身的家园，它们合在一起将启发我们要把旅行当作一种补救自身生存状态的手段，而不是一种单纯的娱乐或消遣行为。

无神论者 写给

Religion for Atheists

263.

擅长心理治疗的旅行社把精神失调症与世界上最能缓解此症的地点搭配起来。

4

这里没有必要罗列这批新庙堂将会涉及的所有主题,在这个世界,有多少种需求,最终总该有多少种各异的庙堂。

关键的一点是,我们应当借助世俗庙堂,恢复并且坚持宗教建筑的基本使命。当然,所设计的世俗庙堂应该着眼于弘扬重要的情感和抽象的主题,而不是像宗教圣殿那样是为了供奉肉身化的神灵。

这些世俗庙堂将向人们提示希望,就此功能而言,它们一点也不会逊色于中世纪基督教市镇天空中的教堂尖顶。世俗庙堂在风格、规模、形态上会各有千秋:既会有小屋,也会有大厦;建筑材料既可以是回收的轮胎,也可以是金制的砖瓦;既可以厕身于写字楼之间,也可以掩藏在街头地下灯火通明的洞穴里。然而,无论如何,它们都将共同传承神圣建筑的古老使命:让人们暂时置身于一个精心构建的三维空间里,达到启迪心灵并恢复平衡的目的。

十　体制

（一）书本对决体制

1

当怀疑论者和无神论者在18世纪末开始攻击宗教时，他们主要借助了书籍这一手段。他们在书中质疑，死人怎么可能掀翻墓碑石，并在毫无支持的情况下上升到大气层呢；一个年轻女子怎么可能以童贞之身怀上天主的孩子呢；靠天使代人祈祷真的就能打胜仗吗；触摸殉道者科尔内留斯[1]的胫骨就可以治疗耳痛吗？在辩论结尾时，他们往往会展望未来某一天，届时人类可望以理性取代迷信，此种理性见于世俗的科学、哲学、文学、诗歌作品，他们自己也为之倾倒。

虽然这些质疑者刻薄而又搞笑地批判了宗教，但他们未能充分认识到自己与对手之间的差距，没有看到对手基本上不靠出版书籍来施加影响。换言之，宗教一方动用的是体制，即通过艺术、建筑、学校、制服、标徽、仪式、纪念碑、月历牌，集结了人山人海，让大家步调一致地作用于世界。

在塑造并延续人们的态度和行为方面，体制的确能够产生广泛的影响力。与此相比，尽管书籍可以销售几百册乃至几十万册，

268.

把思想写到书中看来也算一个足够高尚的抱负,但书本这一媒介的影响范围终究十分有限甚至令人气馁。柏拉图在所著《理想国》中便基于自身经验,颇为动情地表达了对知识人形单影只、势孤力薄的感叹。他说道,除非哲学家成为国王,即所谓哲学王,不然世界就无法走上正轨。换句话说,假如一个人想要改变局面,写书是远远不够的,思想家必须学会掌握体制的力量,唯有如此,个体的思想才有可能取得对世界无孔不入的影响力。

然而,不幸的是,世俗知识分子长期以来天性怀疑体制,这种怀疑植根于19世纪至今熏染着文化生活的浪漫主义世界观。浪漫主义教导我们嘲笑体制沉闷刻板、趋于腐败、容纳平庸的特性。知识分子的理想据说应该是一种自由精神,游离于任何体系之外,对金钱嗤之以鼻,与俗务一刀两断,在私人生活中以读不懂账单为荣。

如果说人们的内心生活迟至今日可能还更受《圣经》先知的影响,大于受到世俗思想家的影响,那很大程度上是因为,世俗思想家们一贯不愿意创立体制平台,因此无法促使其有关心灵的想法成功地传播到更大的受众范围。一部分人也想关注世俗心灵的需求,但一般而言,他们缺乏必要的规模、稳定的工作条件和相应的能力,不可能通过大众传媒去宣传自己的观点。飘忽无根的个体户本质上只能经营家庭作坊,只有组织起来的宗教才能凭

---

1 Cornelius,251—253年教皇。253年政府再次迫害基督教徒,科尔内留斯被流放到琴同切拉,死于该地。——编者

借体制的威力和老练，真正渗透到人们的思想意识中。

诚然，现代社会也不是完全没有体制，事实上，它充斥着规模无敌的商业公司，公司与宗教在组织架构上共同点之多当令人啧啧称奇。不过，商业公司只关心我们外在的物质需求，只想着向我们销售汽车、鞋子、匹萨、电话。宗教的出色之处在于，一方面它拥有跟那些推销肥皂和土豆泥的现代公司足可媲美的集体力量，另一方面它又过问我们的内心需求，而世俗世界恰恰把这些需求留给了缺乏组织、散兵游勇的个体去打理。

故此，这里的关键点是，基于对宗教体制的研究，我们应当创立能够满足内心需求的世俗实体，它们应该具备商业公司目前为满足人们的外在需求而展示的全部力量和技巧。

2

宗教的体制特征为我们提供了若干基本经验，其中之一就是，体制能够帮助人们正当地汇聚资金、才智、地位，由此而获得的实力和好处确为其他手段所望尘莫及。

浪漫主义赞美单枪匹马的英雄所取得的成就，宗教却清楚，个人如果赤手空拳单打独斗终将一事无成。在一个组织之外，我们也许偶尔地能为自己争得如日中天的一时声望，但我们永远不可能把成就建立在坚如磐石的基础之上，无法持续不断地复制自己的真知灼见或弥补自身的内在漏洞。要想应对复杂的重大问题，

十 体制

270.

独自著书立说不可能是个合乎逻辑的长效解决方案。我们应当自问,为何在涉及心灵的问题上,大家继续相信那种与世隔绝、离群索居的生产方式,须知,在药品或飞机的制造中,人们早就放弃了此种方式。

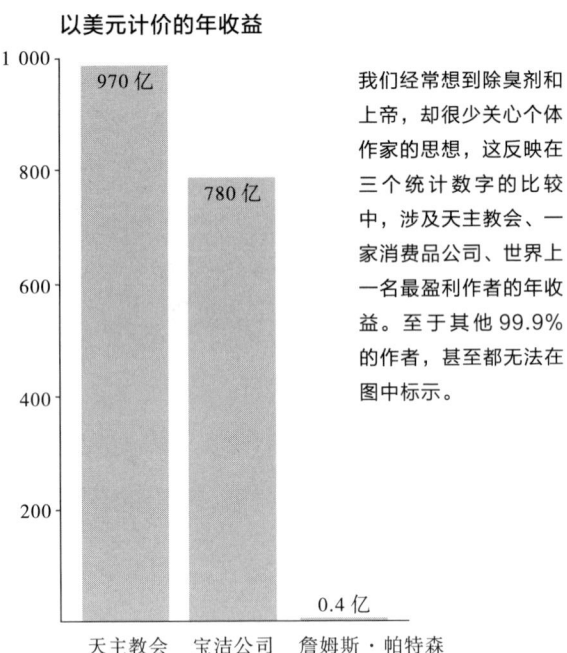

以美元计价的年收益

天主教会	宝洁公司	詹姆斯·帕特森
970亿	780亿	0.4亿

我们经常想到除臭剂和上帝,却很少关心个体作家的思想,这反映在三个统计数字的比较中,涉及天主教会、一家消费品公司、世界上一名最盈利作者的年收益。至于其他99.9%的作者,甚至都无法在图中标示。

这里还有一个收入的问题。体制可以让其中的成员避免个体经营者常会遭遇的羞辱和恐惧。体制能把资本集中起来分配到不同项目中,令其在几十年里日积月累,这就使得体制中的成员能够以丰补歉、渡过难关,并在研究、营销、招募、技术等方面进行充分的投资。

无论现代民主政体如何夸耀自己多么崇尚言论自由和意见多元，一个特定社会的价值观终究跟着财大气粗的机构在转。哪个机构有实力支付晚间新闻播报前后每天三十秒的广告时段，其价值观念必然会有更大的辐射面。

实力对于成员的招募也具有类似的效应。财力雄厚的机构能够一呼百应，感召那些出类拔萃的优秀分子，而不单是盲目的追随者或者狂热的献身客。它们可以吸引到大批身心健康的后备军，这些人既在乎人格上赢得尊重、物质上安享舒适，也同样关心改善人类的处境。

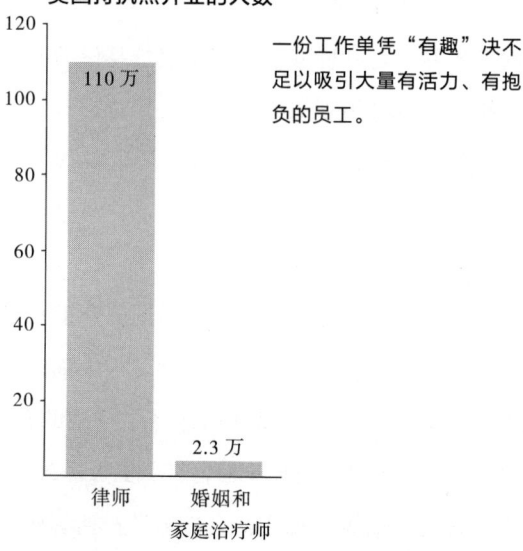

美国持执照开业的人数

律师：110万
婚姻和家庭治疗师：2.3万

一份工作单凭"有趣"决不足以吸引大量有活力、有抱负的员工。

272.

不妨比较一下托马斯·阿奎那和弗里德里希·尼采各自的人生历程。二者命运的反差部分缘于两人性情稳定性方面的差异，但阿奎那的平静泰然很大程度上是因为他曾享有乐善好施的精神和物质氛围，先是在他担当主任教授的巴黎大学，后是在他协助创办的那不勒斯神学院。相比之下，尼采觉得自己活得（用他自己的话说）"像一头被群起猎杀、无窝藏身的野兽"。他孜孜以求用一套包含哲学、音乐、艺术的世俗意识形态去取代基督教道德，可是这一努力并未得到19世纪德国学界的响应，反而迫使哲学家跌入一种四海为家的流浪状态。虽然尼采经常被抬举为个人英雄主义的顶级楷模，但实际上他心中至少还是愿意放弃遗世独立的状态，用来换取在某一学府中的职位，这种机构本可以让尼采的思想对世人产生更大的影响。

体制的额外好处是，能够仅仅基于成员身份而向个体提供终身的地位，使他们不必年复一年地自己去苦苦钻营。若无体制中的地位，等到公众发现某人贡献了某个了不起的思想时，这一孤独的思想家或许不久于人世，或者像尼采那样早已撒手人寰。在体制当中，所有成员都可以分享由群星璀璨的先辈所长期积聚、由精致典雅的建筑和仪态万方的规程所不断强化的那种声誉。他们可以享用某个源远流长的头衔，比如神父或大助祭、教授或教长，并且为了名副其实的目标而利用体制中蕴藏的资源与荣耀，这种体制平台比起个人自然更加长袖善舞、更加经久不衰。

许多人无疑会反驳说，现代社会必定已经拥有所需要的各种

机构或体制。然而事实上，那些有志于天主教所谓"心灵护理"事业但又不用宗教方式来从事该工作的人一定会发现，自己的事业很难有大的作为，原因就在于，缺乏稳定可靠的同仁网络，缺乏一份差强人意的收入，缺乏一个可供施展身手、稳定和体面的专业平台。这表明，问题已经根深蒂固，纵使现在要给尼采提供一个厕身其中的专业场所也将是困难重重。

英国每年支付有关产品的英镑额

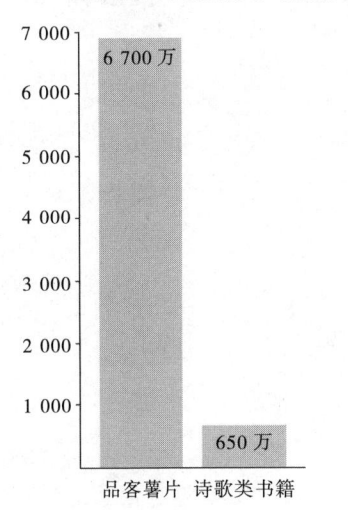

品客薯片	6 700 万
诗歌类书籍	650 万

只有宗教能将心灵需求转变为滚滚财源。

3

体制的另一个可用特征是，它有能力通过一套共同的视觉语言来凝聚下属成员各自的工作，在此问题上，宗教的策略与公司

十　体制

274.

Alain de Botton

的战略不谋而合。当看到宗教建筑的侧面饰有一个十字架，祭坛的布上绣着一只羔羊，人们往往会有感而发，说基督教是现代公司所擅长的"品牌战略"的实践快手和后起高手。实际情况当然正好相反，宗教在身份标识方面早已行动在先，公司不过是亦步亦趋地采纳了宗教的做法而已。

一个品牌最关键的一点是要促进一贯性。体制性机构相信，标徽的出现，不管是在辽远的山坡，在摩天大楼的顶端，还是在床单上或者在罩衣上，都能马上传达一个信息，即这里必定存在某一套特定的价值理念，同时，也向世人保证，这里存在着服务或产品的统一性和高质量。

品牌战略的敌人是各地的自行其是。在这一点上，我们也感觉到浪漫主义理念与体制主义理念的某种对立，因为浪漫主义欣赏个体的、区域的、自产的、自发的东西所具有的魅力，体制主义则不可能忘记各自为政所包含的风险。在体制主义者眼里，只存在对最低标准的有害偏离，不存在对中央号令的有益变通，他们反复想到的总是制度的败坏、人性的懒散、规则的走样、初衷的失落。为了消除非标准行为，麦当劳公司给新员工的培训手册长达三百页，对每一个可以想到的动作和交易环节都定下了规矩。例如，员工的名牌必须挂在哪里，对每个顾客必须给予何种微笑，具体应该向每一上层面包片下加多少蛋黄酱，如此之类都有详尽规定。这家汉堡包公司知道，假如放任公司员工自作主张，很可能会一发不可收拾。

十　体制　　　　　　　　　　　　　　　　　　Alain de Botton

276.

以体制方式提供心灵服务能带来益处：克里斯·维普斯神父在圣劳伦斯教堂听取忏悔，英国费尔特姆，2010 年。

至少就此而言，麦当劳公司与天主教会有着较多的共性。历史上，天主教同样花费了大量时间以竭力保证，自己庞大而分散的神职队伍能够提供统一规范的服务。天主教的敕令对诸多细节作了具体规定，乃至涉及圣餐上应该用什么酒、神父的鞋子应该是什么颜色。凡此种种足以表明，教会极度重视体制中的边缘分支也应采用的标准。英诺森三世1213年召集第四次拉特兰公会之后，天主教颁令："神职人员不得出席搞怪小丑、搞笑演员或其他戏子的表演；除了旅行中万不得已外，不得涉足饭馆酒肆；不得掷骰子、玩碰运气的游戏，也不得在场观看。"作此训令时，教会显然颇为恼怒，痛感神职人员连这些基本的规矩都在经常违反。此外，因担心有人会在自己的发型上做文章，教会又补充道："神职人员永远都应剃光头顶。"

这些敕令固然颇有高压的味道，但它们确立并实施了有关礼仪和行为的统一标准，信众们随后期待能从教会那里得到标准化服务。我们大家如今也期待从公司那里得到标准化产品与服务。

现代世界有个特别令人遗憾的特点，即为了满足我们日常生活中某些最细枝末节的要求，都会有一些最用心管理的品牌，比如涉及面食的调味汁、太阳镜，还有洗发膏、保湿霜等。可是，我们的若干本质需求却仅让孤身只影的人员在那里照料着，而且照料的方式是那样的支离破碎和全不靠谱。为深刻领会品牌战略及相应的质量控制会带来的不同效果，我们只需作个比较：一方是心理治疗领域的八仙过海各显神通，另一方则是天主教信仰中

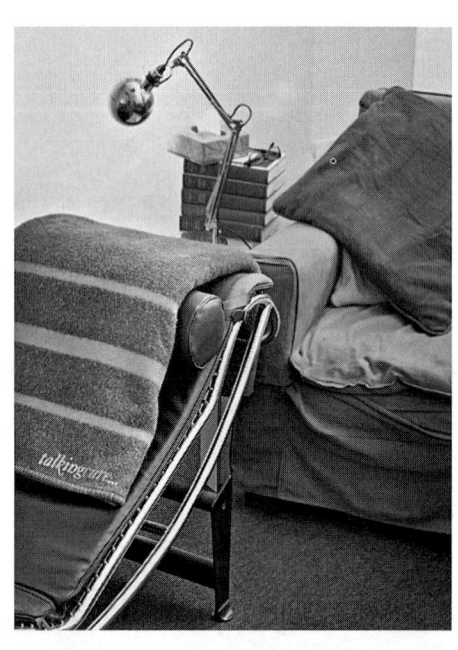

想象中的心理治疗品牌连锁店。难道只有电话和洗发膏才该独享零售连锁？

行礼如仪的忏悔规程。14世纪后期以来，由于一系列教廷敕令及梵蒂冈发出的指南手册，忏悔的每个细节都得到了严格的管制，堪称可靠性很高的全球服务产业的一个缩影，而此等严格性和统一性仅在20世纪中期的消费品行业中才成为一种规范。从忏悔告解室的位置安排到神父说话的音调，都有明确的规则加以规范，其之所以如此设计，是为了向从墨尔本到安克雷奇的全体天主教徒保证，他们反省心灵、赎罪自新的期望都能得到满足。而在世俗社会，即使在最为相近的一些活动中，都未见到应用过如此细致的规定。目前所进行的心理治疗便缺少工作环境的一致性，甚至对那些看来微不足道实则无比关键的细节，如治疗师应答器上话语的措辞、治疗师的着装、诊疗室的外观，都缺乏统一规范。如此放任之下，病人可能需要忍受现场种种莫名其妙的情景，从撞见治疗师的宠物或孩子，到面对汩汩流水的管道和杂七杂八的小摆设，诚可谓无奇不有。

4

许多公司在成功定义了自己的身份后，便着手从事工商作家所谓"品牌延伸"的工作，这指的是公司在一个商业部门取得成就后将其品牌价值延用到其他部门。例如，最初制造成衣的公司意识到，自己的品牌价值可以同样有效地应用到皮带和太阳镜的设计中，而从此再转用到家具业也很容易，随后则还可拓展到餐馆、公寓，甚至是整个度假休闲业务。这些公司高明地认识到，自己的客户所效忠的是一种精神特质而非某个具体产品，最初让一条领带与众不同的那种美和善照样可以体现于一条椅子腿、一道开胃菜、一间日光浴室中。

然而，惯性和惰性，加上不必要的谦虚谨慎，却让最有冲劲的现代公司至今也未能将自己的品牌延伸到人类需求的广泛领域，特别针对眼下所讨论的话题而言，使得那些公司未能将其专长应用到马斯洛[1]著名的"需求金字塔"的顶端。公司相反执意沿着金字塔的底部建立门店，只对方便我们衣食住行的现有服务和产品作点小修小补，却不去理会我们要自我实现、要学习、要关爱、要修身养性的需求。例如，宝马公司一丝不苟、精益求精的追求最后居然止步于所制造汽车的保险杠，而不是延伸到学校或党派的组建上；同样，乔治·阿玛尼的同名公司断然排除了经办一家诊疗所或经办一所人文学院的可能。应当说，这些都是历史性的失策。

与此相似，而且同样可惜的是，思想运动也放弃了品牌延伸的努力。它们未能想到，自己的思想也能在物质世界创造功能互补或功能相似的服务和产品，而且，思想在拥有了物质世界的对

---

[1] Maslow, 生于1908年，美国心理学家，人本主义心理学的开创者。他提出每个人都有一个必须被满足的需要层次，其范围从基本的生理要求到爱、尊重，乃至自我实现。当一个需求满足时，情绪层次下一个较高水平的需要便支配了意识功能。——编者

等物后也会变得更加生动活泼。

而各路宗教之所以如此独树一帜，是因为它们敢于在形形色色的广泛领域中张扬其一致的品牌身份，从严格的思想和神学天地跨越到审美、服饰、烹饪等领域。基督教、犹太教、佛教都卓有成效地将有关救赎人类的宏大理念延伸到形而下的物质活动中，比如应用到对周末疗养院、无线电台、餐馆、博物馆、演讲厅、服装设计的日常管理中。

因为人类本乃血肉之躯，既是理性的生命也是感性的动物，所以，思想观念只有通过各种渠道作用于我身时，我们才可能受到其持久的影响。正如宗教所独到领悟的那样，思想观念除了通过书本、讲课、报纸得到传输外，还需要与我们的衣食住行结合起来，需要在我们的歌曲唱词、房屋装饰乃至洗浴澡池中回味强化，如此方可充分地植入心田。

5

公司和宗教的活动可用一个方式来加以描述，即它们都采纳了商品化的形态。所谓商品化指的是一个转化过程，就是把一堆凌乱杂陈、缺乏定义的货品转变为有名有牌、辨认容易、码发整齐、陈列得体的商品。

对于这一流程，我们了如指掌，公司在从事物质产品的交易时就是这么做的。商贸企业早已翻来覆去地在全球范围内查询，

十　体制

Alain de Botton

品牌延伸：乔治·阿玛尼先生和伊玛尔地产董事长穆罕默德·阿拉巴先生，在迪拜阿玛尼酒店开业仪式上，2010年3月。

寻找曾经稀缺的消费品，以便能够稳定可期地供应茶叶和辣椒粉、木瓜和猕猴桃、纯净水和天然润滑油。在精神服务领域，宗教展示了可以相提并论的能力。借助礼仪的形式，宗教设法拯救了那些在其他情况下会被忽略或被遗忘的特定时刻和特定感情，并通过宗教版的商品化过程，令其得到了可资升华的名称及在月历牌中固定的日子。

相信我们都有过仰望九月夜空的经历，此时的天体运行使得皓月当空简直近在咫尺。我们或许短暂思考过宇宙的壮丽，及其对习以为常的地球视角所带来的触动。可是，大家只要不是天文学家或宇航员，便不大可能设法让自己的赏月活动规程化，除了几分钟的默想之外，恐怕很难再有什么更深的思索。

然而，对于日本的禅宗佛教徒而言，名为"月见"的仪式已将中秋赏月活动彻底地商品化了。每年在传统日本历法的八月十五日，教徒们黄昏时分会集聚在专用的圆锥形观月台，数个小时内朗读祈福祝词，内容都是借月亮为载体，反思禅宗关于万物无常、昙花一现的观念。人们会点上蜡烛，备好月见白玉米团子，并在陌生人中分享，由此洋溢着一派其乐融融、岁月静好的气氛。于此可见，某种情感在这里通过仪式、建筑、同伴、食物而得到寄托，也因此在每个日本禅宗教徒的生活中占据一个切实的位置。

宗教给那些本来总是细小、凌乱、私人的东西赋予了规模性、系统性、外向性，为我们的内心感受充实了内容，而这些恰

十　体制　　　　　　　　　　　　Alain de Botton

284.

约定赏月时分：用于"月见"庆典的观月台，京都桂离宫。

恰是浪漫主义喜欢顺其自然的方面，因为它担心管束之下有可能破坏浑然天成的纯真性。宗教知道，书籍终究只是这个喧嚣世界中静默无声的物品，所以不会把我们的感情简单地托付给诗文典籍。仲春时节，犹太教会以华兹华斯和济慈从未动用的力量约束我们，要求信徒在树花初放的时候，跟着拉比到室外聚会，一起吟诵"树花"。《塔木德》有这么一段感恩上帝之手创造花朵的仪式祷告词："感谢主，我们的天主！他将这个世界创造得完美无缺，令其充满了最好的动物和树木，让普天下所有人都获得喜悦。"（《塔木德》"巴拉克霍"33：2）

我们需要依靠体制来培养并保护那些心中油然而生的情愫。如果没有某种支撑平台，没有一套积极提醒的体系，我们便会过分的心烦意乱和自由散漫，乃至没有时间去品味这种情愫。

从世俗世界浪漫主义的角度看，商品化意味着多样化、高质量、纯真性的丧失。但就其最佳方面而言，商品化过程使得生命中捉摸不定、稍纵即逝却又意味深长的成分更容易地得到体察、更可靠地得到分享。我们固然不必秉持宗教的或者超自然的信条，但依然需要借助固定的仪式，来更好地品味诸如友谊、群体、感恩、超然等概念。我们且莫以为能够自行通达这些境界，大家还是要借助体制来提醒自己心中的这些需求，并且要借助体制以充满魅力的包装来满足这些需求，如此才能保证滋养我等心灵中最健忘、最缺乏自知的部分。

十　体制

Alain de Botton

286.

虽然现代世界鼓励我们按自己的节奏自发地感受万物,宗教却富有智慧地把日子固定到我们的日程中。此为犹太树花节节庆活动。

6

柏拉图曾在《理想国》中希望哲学家成为国王,国王则成为哲学家,这一理想在得到表述之后过了好几百年终于部分实现了。公元313年,经由君士坦丁大帝的努力,耶稣接过了庞大的由国家支持的基督教会的最高职位,因此成为首位"素王"统治者[1],从而得以借助体制的支持来宣扬自己的信条。在所有大的宗教中,都可见到一种类似的权力与思想的结盟。我们固然不必接受其中任何的意识形态,但应当仰慕这种结盟并从中获得某种启示。现在所面临的问题是,如何调动那些至今仍在思想王国中沉睡不醒的大量有益想法,将它们与那些多从宗教脱胎而来的组织工具结合起来。两相联手,将最可能让卓越的思想对世界产生应有的冲击力。

---

[1] quasi-philosophical ruler,中国文化中正好也有此概念,指以思想影响天下者,如孔子。——译者

（二）奥古斯特·孔德

1

本书旨在调和两个方面，即一方面对宗教的超自然内容表示反感，另一方面又对宗教的某些理念和做法表示崇敬。就此而言，本书并非首开先河。同样，本书关注宗教的实际效果，而不单是理论效果，在这方面也非史无前例。在此轨道上已有不少先人作出了努力，其中最具决定意义者当数 19 世纪的远见卓识者、那位性情古怪不时精神失常的法国社会学家奥古斯特·孔德。

孔德的思想得自他独特的冷峻观察。他看到，现代社会中，由于科学发现的缘故，要让任何有理解力的人去信仰上帝已不再可能，宗教信仰从此将仅限于未受教育者、狂热分子、儿童，以及病入膏肓的病人。与此同时，孔德认识到，而其诸多同代人却未能认识到，如果一个世俗社会完全醉心于财富聚敛、科学发现、大众娱乐、浪漫爱情，却从根本上失去了伦理教诲、心灵抚慰、超然敬畏、群体凝聚，则该社会终将遭遇防不胜防的集体病患。

孔德的解决方案既不是盲目地抱住神圣的传统不放，也不是好战地将其全部内容彻底丢弃，而是应当清理出其中较相关也较理性的成分，把它们利用起来。经过数十年思考，孔德的思想修成正果，最后提出的计划是应当培育一种新的宗教，一种为无神论者准备的宗教，孔德称之为"人道教"。作为一种有创见的教义，新宗教专为现代人的具体感情需求和思想需求而量身定做，不是为了满足基督教黎明时代朱迪亚地区居民的那种需求，也不是为了满足再早四百年前印度北部居民的那种需求。

孔德在两本书里阐述了这一新宗教，一本名为《普世宗教概论》，另一本名为《人类未来论》。他相信，人类尚处于自己历史的开端，其已有各种各样的创新，无论乍一听有多么的大胆和离奇，都可能在宗教领域发生，正如在科学领域所发生的那样。人们没有必要继续效忠于远古时代传承下来的信仰，毕竟当时的人类几乎尚未学会制作轮子，更不用说制造蒸汽机了。孔德指出，现代世界有志于从零开始新立宗教的人决不应该因袭祖宗旧制，再去提出像既有仪式和戒律那种陈腐不堪、荒诞不经的东西。他声称，自己身处的时代为本人提供了一个历史性机遇，可以梳理过去的种种荒谬，创立一个新型宗教，这个宗教将因其感染力和实用性而值得拥抱，不会仅仅因为引发他人的恐惧并代表了通向更好生活的唯一通行证而为众人追捧。

孔德深谙宗教信仰的历史，他的新宗教最终基本上是由旧宗教中某些最好的要素组合而成。他从天主教中吸取了最多的成分，尽管他断定天主教的多数信条令人憎恶，但仍认为其中充满了关于道德、艺术、礼仪的深刻见解。此外，他也偶尔取材于犹太教、

十　体制　　　　　　　　　　　　　　　　　Alain de Botton

290.

与其抱怨现有宗教的缺点，有时莫如创立一个新宗教：奥古斯特·孔德，1798—1857年。

佛教、伊斯兰教的神学体系。

孔德尤其立志纠正在他看来现代无神论者所面临的危险。他相信，资本主义已经加剧了人们的竞争攀比心理和个人主义冲动，同时让人们疏远群体，脱离传统，不再与大自然心心相印。他批评了方兴未艾的大众传媒，称其让人们的情感变得粗糙荒芜，令其失去自我反思、独处隐居、原创思索的机会。与此同时，他谴责了对浪漫主义的膜拜，称其给传统的家庭带来了过大的压力，还宣扬了一种对"爱"的伪自我主义理解。他哀叹那种非此即彼的武断做法，似乎一旦人们觉得不再相信耶稣的神灵地位，就必须放弃基督教所传播的全部智慧。孔德最初希望，世俗的中小学和大学能够成为心灵方面新的教化者，能向学生传输伦理大义而不是单纯灌输知识。不过，他很快便意识到，资本主义归根结底总是更欢迎一技在手、唯唯诺诺、不会内省的劳动者，而不是爱好钻研、情感平衡的人。

在孔德对宗教的总体设想中，首先是一支庞大的新神职人员队伍，单在法国就将雇佣十万名之多。这些神父尽管名称依旧，却非常不同于天主教的神父，他们将可以结婚成家，充分融入社会群体，完全过着世俗化的生活，综合拥有哲学家、作家以及如今所称心理治疗师三者的专长，其使命是要为周围公民培育幸福能力和道德情操。面对受困于工作问题或爱情烦恼的信众，神父们将展开治疗性的咨询对话，就生活的艺术进行世俗布道并撰写不含专业术语的哲学读本。照此发展下去，这一新的神职岗位将

292.

为特定的一类人员提供稳定的就业机会，孔德觉得自己也位列其中。一般情况下，此类人员心怀强烈的助人愿望，也拥有文化的和审美的趣味，但苦于无法在大学里找到工作，最后被迫为报纸写稿或者向冷漠的公众兜售书册，仅能借此勉强混口饭吃而已。

孔德充分了解建筑曾在弘扬宗教信仰方面所发挥的作用，因此，他建议应建造大批世俗教堂，他称之为"人道教堂"。这些教堂将由银行家出资，因为按孔德判断，正在兴起的银行家阶层包括了很大比例的一批人，他们不仅极其富有，而且天资聪颖、对思想有兴趣、具有为善的倾向。为表示感恩，这些世俗教堂的外立面将塑有捐资银行家引人注目的胸像，而在宽敞的厅堂内部，则展示着新宗教世俗圣贤的画像，这批人中包括西塞罗、伯里克利、莎士比亚、歌德，孔德是基于启迪思想、抚慰心灵的能力而选中他们的。在朝西的平台上方，镌刻着一行金质大字，该警句概括了孔德对思想上自助自立的信念："了解自身以完善自身。"神父们会每天训导，涉及的主题包括为何需要悉心善待配偶、耐心对待同事、对工作认真负责、对不幸者表示同情。教堂将成为孔德自行创立的一系列节庆活动的集合地，按其设计，春天里会举行庆典以向妻子和母亲致敬，夏日里会纪念铁器为人类进步作出的巨大贡献，而在冬季则会有个感恩狗、猪、鸡等家畜的节日。

孔德知道传统的信仰为强化自己的权威，依仗的是向追随者提供每天甚至是每小时的安排，以规劝他们此时此刻应当想念谁、想念什么，这个花名册一般都与纪念某位神圣人物或某一超自然事件直接挂钩。为此，在人道教中，每个月份也都会正式地奉献给某项具体的事业领域，从婚姻、育儿到艺术、科学、农业、木工。而那个月份的每一天都会奉献给为该领域作出重大贡献的某个人。例如，在作为技艺月的11月份，12日是理查德·阿克赖特日，阿克赖特是工业纺纱机的发明者；22日是伯纳德·帕利西日，帕利西是文艺复兴时期的法国制陶师，堪称坚忍不拔的楷模，大家都知道他为了复制中国瓷器上的釉面，曾经徒劳无果地试验了十六年。

2

可惜的是，由于种种实际障碍，孔德这个罕见、复杂、有时思想混乱，但总是发人深省的项目备受干扰。无神论者和有神论者同声指责孔德，普通公众对他不理不睬，各家报纸则对他冷嘲热讽。晚年的孔德精神绝望、身体虚弱，为辩护自己的宗教，他写下了略带威胁口吻的冗长信件，发给遍布欧洲的君主和实业家，包括路易·波拿巴、维多利亚女王、丹麦王储、奥地利皇帝、三百位银行家、巴黎排水系统负责人，可是达官贵人们很少给他回信，更少有人提供资金支持。眼看着自己的思想付诸东流，孔德于1857年9月5日离世，享年五十九岁。按照他自己的日历，当月是哲学月，当天则是法国天文学家尼古拉·拉卡耶的纪念日。拉卡耶18世纪在南半球发现了一万多颗星星，月球暗面的

294.

一个陨石坑现在即以其名字命名。

3

孔德的宗教固然多有怪异之处，但很难随手一丢了之，毕竟他在无神论社会中发现了至今依然抛荒实却需要开垦的某些重要领地，而且开启了借助体制力量来支持思想传播的先河。孔德充分体谅传统宗教的抱负，悉心研究其采用的方法，将它们用来服务于现代世界的需要。他的此种能力所反映出的创造力、宽容心、创新性，后世的宗教批评者多无法望其项背。

孔德最大的概念性错误在于为自己的设想贴上了宗教的标签。那些已经放弃宗教信仰的人士，很难再对这个容易动感情的字眼抱宽容态度了，多数思想独立的成年无神论者也很难再去追捧某个新的教派了。孔德显然对这些微妙之处缺乏特别的敏感，故此他还会自称"大祭司"，实际上这个称呼在心智健全的受众那里，立刻会让他的感召力消失殆尽。

然而，孔德的遗产体现在，认识到世俗社会需要自己的体制，相信这种体制可以替代宗教的位置，去打理那些现有政治、家庭、文化和工作场所范围之外的人类需求。他带给我们的挑战是，他认为好的思想如果只留存在书本中便不可能开花结果。为能够生机勃勃，思想必须得到宗教般体制的扶持，事实上，至今也只有宗教才知道如何来打造这种体制。

无神论者写给

Religion for Atheists

孔德在世时，世上没有建起一座"人道教堂"，可是他去世后几十年，一批巴西热心人（其中有一人正如孔德所预见，系富有的银行家）联手出资在巴黎兴办了首座此类教堂。他们最初计划在巴士底广场建起一座大厦，但在考虑资金实力后，决定改造马莱区一建筑底楼的一套公寓。他们雇佣一位艺术家来描画孔德选定的世俗圣贤的肖像，有关该艺术家的情况此后并无记述。在改造后的原起居室门口，有一幅颇为壮观的新祭坛画，画中的妇女和孩子代表了"人道"将"未来"拥抱在自己怀里。

十　体制　　　　　　　　　　　　　　　　Alain de Botton

296.

孔德的世俗圣贤包括谷登堡、莎士比亚、笛卡儿，以及生理学家比沙。

（三）结论

1

宗教的退潮使得人类的某些需求不能得到照应，而试图反思这些需求时，遇到的一个中心问题却是新颖性构成的障碍。

在技术领域，我们多数情况下会追逐新奇，但在社会风俗领域，我们却强烈地抓住已知的老套而不肯放手。我们继续用传统的方式处理教育、关系、闲暇、庆典、礼节，并因此而感到心安理得。我们尤其会抵制创新，特别是当这种创新是跟某一个体的思想挂钩时更会如此。思想若要尽量得到人们的追捧，似乎一定要标明自己是普遍共识的产物或者集体智慧的结晶才行，而不能看起来像是某一个人只手打造的成果。软件行业中很可能被当作大胆创新的东西，到了社会领域，却极其容易被讥讽为个人迷信。

大多数宗教拥有的优势是，它们已经存在了许多个世纪，这一特点正中我们积久为是、安于现状之下怀。有些做法我们按天性本来也愿意依从，可假如它们最近才提出，我们便会视其不合常规而断然拒绝。数千年的时光真会创造奇迹，可让一个原本稀奇古怪的想法变得备受推崇。从本质上讲，礼节性地拜谒圣安东尼圣殿，跟朝拜轨道飞行器相比的话，可能同样古怪甚或更加非理性。可是，位于帕多瓦的圣殿比起 M25 飞船至少拥有一大优势，那就是它从 13 世纪中期起便已存在着。

2

幸运的是，这里考察的概念没有一个是新的，它们在人类历史的大部分时间里早已存在，只是几百年前才仓皇地牺牲在理性的祭坛上，并被厌恶宗教信条的世俗头脑很不公平地忘却了。

本书的目的是要识别那些我们可从宗教中抢救出来的有益内容，包括如何培育群体归属感，如何让人们更加和善，如何抵消目前广告对商业价值的过分偏重，如何选择并利用世俗圣贤，如何反思大学战略并改进文化教育方法，如何重新设计旅馆和休闲场所，如何更好地承认我们内心孩子般的需求，如何放弃某些会起反作用的乐观主义，如何通过壮丽和超然的体验来获得博大的视角，如何重新编排现有博物馆，如何利用建筑来寄托价值观，以及最后一点，如何凝聚各人分散的工作，以在体制的领导下把大家护理心灵的努力整合起来。

3

前已承认，一本书单靠自身很难取得多少成效。不过，书本可以成为阐述雄心壮志并着手勾划思想路径和行动方案的起点。这里所提主张的核心是，现代心灵的许多问题可以由宗教所提出的解决办法来成功应对，条件是让这些解决办法从孕育它们的那个超自然框架中剥离出来。宗教信仰中的智慧属于全体人类，其中包括我们当中最富理性的人，这一智慧值得无神论者——超自然体系最大的敌人，以取其精华弃其糟粕的态度重新加以汲取。各路宗教时断时续地让人看到，它们实在是那么有用、有效并充满才智，断不可只留给信教者独自享用。

致谢

本书的撰写、思考及出版得到了众人的帮助,谨向以下各位表示深深的谢意:戴尔德丽·杰克逊,多萝西·斯特雷特,约安娜·尼迈尔,理查德·贝克,塞西莉·麦凯,格兰妮·凯莉,理查德·霍洛韦,查尔斯·泰勒,马克·弗农,约翰·阿姆斯特朗,詹姆斯·伍德,A. C. 格雷林,罗伯特·赖特,萨姆·哈里斯,特里·伊格尔顿,尼尔·弗格森,约翰·格雷,吕西安娜·罗伯茨,丽贝卡·赖特,西蒙·普罗塞尔,安娜·凯莉,朱丽叶·米切尔,丹·弗兰克,尼科尔·阿拉吉,卡罗琳·道内,菲尔·章及其团队,托马斯·格里诺尔,乔丹·霍奇森,奈杰尔·科特斯,以及夏洛特·德波顿,塞缪尔·德波顿和索尔·德波顿。

图片提供

Andrew Aitchison: 62; akg-images: 81, 116; akg-images/Stefan Drechsel: 252 (left); Alamy/Gari Wyn Williams: 94; Archconfraternity of San Giovanni Decollato, Rome: 218 (left); Archivio Fotografico Messaggero S.Antonio Editrice/Giorgio Deganello: 126; Arktos: 250; Axiom/Timothy Allen: 24; Richard Baker: 100, 104, 146, 151, 152, 154, 157, 288; *Every Word Unmade,* 2007, by Fiona Banner, courtesy of the Artist and Frith Street Gallery, London: 214; from *Brigitte et Bernard* © Audrey Bardou: 216 (below); from *The Roman Missal, 1962* © Baronius Press, 2009: 38; Nathan Benn: 54; Jean-Christophe Benoist: 16; © Bibliothèque Nationale de France: 149; Big Pictures: 187; Bridgeman Art Library/Bibliothèque Nationale, Paris: 302; Bridgeman/British Library, London: 72; Bridgeman/Chiesa del Gesù, Rome: 252 (right); Bridgeman/Church of the Gesuiti, Venice/Cameraphoto Arte Venezia: 10; Bridgeman/Duomo, Siena: 42; Bridgeman/Fitzwilliam Museum, University of Cambridge: 141; Bridgeman/Galleria degli Uffizi, Florence: 169, 216 (above); Bridgeman/Galleria dell' Accademia Carrara, Bergamo: 174; Bridgeman/ Hermitage, St Petersburg: 238 (below); Bridgeman/Neil Holmes: 265; Bridgeman/© Isabella Stewart Gardner Museum, Boston: 234; Bridgeman/Musée des Beaux-Arts et d'Archéologie, Besançon/Giraudon: 223 (above); Bridgeman/Musée du Louvre, Paris/Giraudon: 211, 232; Bridgeman/Museo di San Marco dell'Angelico, Florence/Giraudon: 236 (above); Bridgeman/Musée d'Unterlinden, Colmar: 220; Bridgeman/National Museum of Bosnia and Herzegovina, Sarajevo/Photo © Zev Radovan: 47; Bridgeman/Noortman Master Paintings, Amsterdam: 184;

Bridgeman/Prado, Madrid: 230 (above); Bridgeman/Private Collection: 118; Bridgeman/St Peter's, Vatican City: 228 (above); Bridgeman/Scrovegni Chapel, Padua: 86; by kind permission of the Syndics of Cambridge University Library: 92; Camera Press, London/Butzmann/Laif: 36; © Nicky Colton-Milne: 49; from the *Garden Ruin* serics © François Coquerel: 223 (below); Corbis/Robert Mulder/ Godong: 60; Corbis/Bob Sacha: 130; Jean-Pierre Dalbéra: 308, 309; Fczarnowski: 170; Peter Aprahamian/Freud Museum, London: 97 (below); Gabinetto Fotografico Nazionale, Rome: 218 (right); from the *Remember Me* series © Preston Gannaway/ Concord Monitor: 228 (below); Getty Images: 236 (below), 249, 286; Thomas Greenall & Jordan Hodgson: 45, 67, 89, 97 (above), 123, 177, 193, 204–5, 226, 245, 262, 266, 274, 284, 290 (below): Dan Hagerman: 295; from *The Sunday Missal* © HarperCollins, 1984: 134; istockphoto.com: 270 (above); Rob Judges: 107; *New York*, c.1940, by Helen Levitt © Estate of Helen Levitt, courtesy Laurence Miller Gallery, New York: 230 (below); Linkimage/Gerry Johansson: 22; *Red Slate Circle*, 1987 by Richard Long. Courtesy of the Artist and Haunch of Venison, London © Richard Long. All Rights Reserved. DACS, 2010: 241 (below); © Mazur/catholicchurch.org. uk: 31, 34, 40, 225 (below); Mary Evans Picture Library: 64; © Museum of London: 270; Naoya Fujii: 260; PA Photos/AP/Bernat Armangue: 52; PA Photos/Balkis Press/Abacapress: 293; Panos Pictures/Xavier Cevera: 110; John Pitts: 270 (below); from *Contrasts*, 1841, by A.W.N. Pugin: 256; Reuters/Yannis Behrakis: 190; Reuters/ STR: 297; Rex Features: 89 (inset), 144; Lucienne Roberts & David Shaw: 76, 290 (above); Scala/Art Institute of Chicago: 177 (inset); Scala/Pierpont Morgan Library, New York: 114, 128; Scala/White Images: 238 (above); *Untitled—October 1998*, by Hannah Starkey, courtesy Maureen Paley, London: 28; Mathew Stinson: 172; *National Gallery I, London 1989* by Thomas Struth, courtesy of the artist and Marian Goodman Gallery, New York/Paris © Thomas Struth: 212; Westminster Cathedral, London: 225 (above); Katrina Wiedner: 140, 269.

Alain de Botton
Religion for Atheists: A non-believer's guide to the uses of religion
Copyright © 2012 by Alain de Botton
Simplified Chinese Translation Copyright © 2021 by Shanghai Translation Publishing House
All Rights Reserved
作者个人网站：www.alaindebotton.com

图字：09-2010-197号

图书在版编目（CIP）数据

写给无神论者/（英）阿兰·德波顿（Alain de Botton）著；梅俊杰译.—上海：上海译文出版社，2021.7
（阿兰·德波顿作品集）
书名原文：Religion for Atheists
ISBN 978-7-5327-8777-7

Ⅰ.①写… Ⅱ.①阿…②梅… Ⅲ.①宗教—研究 Ⅳ.①B91

中国版本图书馆CIP数据核字（2021）第104401号

写给无神论者
[英]阿兰·德波顿　著　梅俊杰　译
责任编辑/衷雅琴　封面设计/观止堂_未氓　内文版式/高熹

上海译文出版社有限公司出版、发行
网址：www.yiwen.com.cn
200001　上海福建中路193号
浙江新华数码印务有限公司印刷

开本 890×1240　1/32　印张 10　插页 5　字数 102,000
2021年7月第1版　2021年7月第1次印刷
印数：0,001—7,000册

ISBN 978-7-5327-8777-7/I·5417
定价：65.00元

本书中文简体字专有出版权归本社独家所有，非经本社同意不得转载、摘编或复制
如有质量问题，请与承印厂质量科联系。T：0571-85155604